Zu diesem Buch

Hat die Stunde der bürgerlichen Kleinfamilie geschlagen? Angesichts der ungelösten Widersprüche in unserer Gesellschaft fällt es zunehmend schwerer, ihr erzieherische und soziale Relevanz zuzusprechen. Nur allzu oft verdeckt die sorgfältig gehegte Heim- und Herd-Idylle Konflikte, Unterdrückung und Frustrationen.

Dieser Band stellt Alternativen zur Kleinfamilie vor. Erfahrungsberichte aus der Praxis von Wohngruppen, Kommunen und Großfamilien und theoretische Überlegungen dokumentieren

- *wie Großfamilien das Problem autoritärer Familienstrukturen lösen;*
- *wie Zweierbeziehungen bewertet werden und welches Beziehungsgeflecht in der Gruppe entsteht;*
- *wie Kommunen die traditionelle Rollenverteilung in der Familie durch ein kooperatives Arbeitsmodell ersetzen;*
- *welche Formen und Ziele der Erziehung sie entwickelt haben;*
- *wie sich aus der Überwindung des Individualismus Solidarität ohne Identitätsverlust des einzelnen ergibt;*
- *wie das Selbstverständnis der Kommunen als konkreter Teil einer politischen Utopie ihre Beziehung zur Gesellschaft bestimmt.*

Johannes Feil, geboren 1949 in Kiel. 1969 Abitur in Hamburg. Studium der Literaturwissenschaften und Psychologie zunächst an der Universität Hamburg, dann an der Universität Aarhus/Dänemark. Ausbildung als Verlagsbuchhändler. Redakteur einer politischen Taschenbuchreihe. Lebt in der KAOS-Kommune in Hamburg-Altona.

Helmut Kentler, geboren 1928, studierte Naturwissenschaften in Aachen und anschließend Psychologie, Philosophie und Pädagogik in Zürich; 1960 Abschluß mit der Diplomprüfung in Freiburg i. B., 1965 Assistent an der Pädagogischen Hochschule in Berlin. Seit 1967 ist Kentler am Pädagogischen Zentrum Berlin als Diplom-Psychologe und Leiter der Abteilung «Sozialpädagogik und Erwachsenenbildung» tätig.

Die Herausgeber des «Dänischen Kommunebuchs»:

Anne van Deurs, geboren 1944, Ausbildung als Buchhalterin, jetzt in der Ausbildung zur Sozialhelferin.

Flemming Andersen, geboren 1945, besucht die Pädagogische Hochschule in Aarhus, außerdem freiberuflich als Journalist tätig.

Ole Stig Andersen, geboren 1946, war Unterrichtsassistent für Kultursoziologie an der Universität Kopenhagen. Studiert heute Kultursoziologie, arbeitet als freier Journalist.

Alle drei Herausgeber lebten zu der Zeit, als die Interviews entstanden, selbst in einer Kommune.

Zu den im Buch interviewten Kommunen siehe S. 136.

Wohngruppe, Kommune, Großfamilie

Gegenmodelle zur Kleinfamilie

Herausgegeben
von Johannes Feil

Rowohlt

Die Originalausgabe erschien 1970 unter dem Titel «Bogen om Storfamilierne» im Verlag Rhodos, Kopenhagen. Für die deutsche Ausgabe wurde der dänische Text gekürzt. Die Beiträge von Johannes Feil und Helmut Kentler wurden für diese Ausgabe verfaßt. Der Beitrag der Kommune Aldershvile sowie «Bogen om Storfamilierne» wurden vom Herausgeber aus dem Dänischen übersetzt
Umschlagentwurf Jürgen Wulff

DEUTSCHE ERSTAUSGABE

1.–20. Tausend April 1972
21.–28. Tausend Mai 1972
29.–38. Tausend Juli 1972

Veröffentlicht im Rowohlt Taschenbuch Verlag GmbH,
Reinbek bei Hamburg, April 1972

Satz Aldus (Linofilm-Super-Quick)
Gesamtherstellung Clausen & Bosse, Leck/Schleswig
Printed in Germany
ISBN 3 499 16726 3

Inhalt

Helmut Kentler

Die Wohngruppe als gesellschaftliche Institution

Die Einstellung der öffentlichen Meinung zu Wohngemeinschaften, Großfamilien, Kommunen ist ambivalent. In den Massenmedien wird immer wieder über die neuartigen Wohn- und Lebensformen berichtet; augenscheinlich wollen zahlreiche Menschen wissen, wie es in einer Wohngruppe zugeht. Gleichzeitig aber ist diese Neugier und dieses Interesse von einem eigenartigen Gruseleffekt begleitet: Man empfindet die Existenz von Wohngruppen als Angriff auf eigene Gewohnheiten und Überzeugungen, man vermutet in Wohngruppen Brutstätten der Revolution oder doch wenigstens subkulturelle Zirkel, die sich Hasch- und Sexorgien hingeben – man wittert nichts Gutes hinter Experimenten, bei denen es darum geht, nicht nur bessere Alternativen, sondern sogar «Gegeninstitute» zur Familie zu entwickeln.

Denn die Familie steht hierzulande nicht nur unter dem besonderen Schutz des Grundgesetzes, sie ist gemäß dem Verständnis der großen Mehrheit unserer Bevölkerung nicht nur Grundlage der Gesellschaftsverfassung, sogar Keimzelle des Staates, sondern die meisten Menschen fühlen sich auch persönlich durch derart positive Erlebnisse und Erfahrungen an die Familie gebunden, daß kaum eine andere gesellschaftliche Institution so hohes Ansehen genießt. Noch nie wurde so viel geheiratet wie heute. Sogar die freizügiger gewordenen vorehelichen Beziehungen zwischen Jugendlichen sind an der Ehe orientiert, und nur eine verschwindend kleine Gruppe der Jugend will keine Familie gründen.

Kritik an der traditionellen Familie

Daß die Familie von den meisten Menschen positiv eingeschätzt wird, bezweifeln auch die Mitglieder von Wohngruppen nicht. Sie weigern sich jedoch, aus den Einstellungen zu einer Institution auf den Wert dieser Institution zu schließen. Ihre Kritik an der Familie gründet nicht so sehr in subjektiven Erfahrungen, sie ist vielmehr das Resultat einer Analyse des gesellschaftlichen Stellenwerts der Familie.

Danach ist die Familie jene Institution, mit der unsere Gesellschaft ihre Reproduktion sichert. Unter «Reproduktion» sind im wesentlichen drei Funktionen zu verstehen:

1. Wiederherstellung des gesellschaftlichen Arbeitskräftepotentials durch Befriedigung elementarer Bedürfnisse der Individuen (Essen, Schlafen, Erholen, emotionaler Rückhalt usw.);

2. Sicherung des Fortdauerns der Gesellschaft durch Zeugung von Nachwuchs und Sozialisation dieses Nachwuchses zu der Bereitschaft, gesellschaftlich nützliche Arbeitskraft zu sein;

3. Stabilisierung der gesellschaftlichen Herrschaftsverhältnisse durch schicht- und geschlechtsspezifische Placierung des Nachwuchses.

Vor allem wegen ihrer dritten Reproduktionsfunktion wird die Familie kritisiert. In einer Gesellschaft nämlich, die sich demokratisch verfaßt hat und zur Realisierung der Demokratie das gleiche Recht aller Bürger, gesellschaftliche Macht auszuüben und zu kontrollieren, anerkennen muß, wirkt sich die familiale Sozialisation disfunktional aus, wenn sie sich als unfähig erweist, das bestehende Machtgefälle zwischen den Geschlechtern abzubauen und allen Mitgliedern der Gesellschaft gleiche Startchancen für ihren Lebensweg zu vermitteln. «Die Familie erzieht autoritätsgewohnte Untertanen» – auf diese einfache Formel läßt sich die Kritik an der Familie bringen.

Damit scheint tatsächlich eine konstitutionelle Schwäche der heutigen Familie getroffen zu sein. Zwar hat sich diese Institution als außerordentlich anpassungsfähig erwiesen, solange es darum ging, den Entwicklungsgang von der feudalen Agrargesellschaft zur kapitalistischen Industriegesellschaft mitzumachen: Die Familie reduzierte sich auf ihren Kern (die Eltern und deren Kinder); die Werkstatt, der das Leben des einzelnen entscheidend bestimmende Wirtschaftsbereich, wurde aus dem Familienhaus ausgesiedelt. Mit ihrer Spezialisierung auf die Ansprüche einer profitorientierten Leistungsgesellschaft geriet aber die Familie in eine Sackgasse: Sie verlor alle Strukturelemente und Hilfsmittel, die sie heute brauchte, um sich auf jene andere Entwicklung einzustellen, die mit der Proklamierung der Menschenrechte begann und mit der Forderung nach Demokratisierung, das heißt, nach möglichst weitgehender Mitbestimmung des einzelnen in der Wirtschaft, im öffentlichen und politischen Leben, ihren vorläufigen Endpunkt erreicht hat.

Die konstitutionelle Unfähigkeit der Familie, sich in eine Institution demokratischer Gesellschaften zu transformieren, läßt sich überzeugend nachweisen an der Stellung der Frau. In der vorindustriellen Zeit beruhte die öffentliche Achtung der Hausfrau in Umfang, Schwere und Bedeutung ihrer Arbeit: Sie hatte sich nicht nur um die eigenen Kinder zu kümmern, sondern ebenso um Lehrlinge, Gesellen, Gesinde und Dienstboten; sie mußte Vorratswirtschaft betreiben (vom Einmachen bis zum Bierbrauen); sie mußte, was sie im Haushalt brauchte, größtenteils selbst herstellen (von der Seife bis zur Wäsche und Kleidung). Ganze Industrien nehmen heute der Hausfrau ihre einstigen Verpflichtungen ab. Der Haushalt ist auf die Kleinwohnung des sozialen Wohnungsbaus reduziert. Die Sorge für den Nachwuchs ist auf ein bis drei Kinder beschränkt und nur noch bis zur Kindergartenreife der Kinder besonders belastend. Diese Reduzierung und Erleichterung des Hausfrauen- und Mutterstandes hat seinen gesellschaftlichen Wert ausgehöhlt, und auch die Frauen selbst finden immer weniger Selbstbestätigung und Zufriedenheit in ihren familialen Aufgaben. Dennoch bleiben sie an ihre Hausfrauen- und Mutterrolle gebunden. Wer sonst auch sollte sich um Haushalt und Kinder kümmern, da doch der Mann die Verpflichtungen seiner Ernährerrolle nur außer Haus und fern von den Kindern erfüllen kann? Die gesellschaftliche Emanzipation der Frau, die nur über Mitarbeit in der Produktion und Mitwirkung im öffentlichen Leben zu erreichen wäre, wird durch ihre Stellung in der Familie verhindert, und daran ist nichts zu ändern, weil zu den unverzichtbaren Voraussetzungen der Familie nun einmal die geschlechtsspezifische Arbeitsteilung gehört.

An solchen Gegebenheiten entzündet sich die Kritik derjenigen, die mit neuen Formen von Wohngruppen experimentieren. Sie richtet sich vor allem gegen vier Prinzipien, auf denen die Familie, wie wir sie heute vorfinden, beruht: Trennung eines Privat- und Intimbereichs vom öffentlichen Leben, geschlechtsspezifische Rollendefinitionen, die wie naturgewachsene Gegebenheiten hingenommen werden müssen, strenge Arbeitsteilung zwischen Mann und Frau, wirtschaftliche Abhängigkeit der Kinder von den Eltern. Die autoritäre Struktur der Familie wird durch diese Prinzipien bedingt: Sie geben dem Mann eine Vormachtstellung gegenüber der Frau und den Eltern unbedingte Herrschaftsgewalt über ihre Kinder.

Nur durch Anreicherung mit weiteren Personen könnte die Familie jene Beweglichkeit zurückgewinnen, die nötig ist, um eine Institution aufzubauen, die den Prinzipien eines demokratischen Zusammenlebens gemäß ist: Aufhebung der strengen Trennung des privaten vom öffentlichen Bereich, Gleichberechtigung der Geschlechter, indem Mann und Frau dieselben Chancen zu ihrer Selbstverwirklichung zugestanden werden, herrschaftsfreie Kommunikation unter den Erwachsenen und zwischen Erwachsenen und Heranwachsenden.

Vorteile des Gruppenwohnens

Die Wohngruppen beschreiten diesen Weg, indem sie sich in einem gemeinsamen Haushalt zu einer Gruppe zusammenschließen, zu der auf jeden Fall mehr Erwachsene gehören als zur üblichen Kleinfamilie. Je nach Art des Gruppenzusammenschlusses kann man verschiedene Typen von Wohngruppen unterscheiden: So entsteht durch gemeinsame Haushaltsführung und Kindererziehung mehrerer Kleinfamilien eine Familienkorporation oder Kleinfamilien-Gruppe; mehrere verheiratete oder unverheiratete Paare, auch nicht fest gebundene einzelne können eine Wohngemeinschaft oder ein Wohnkollektiv bilden; ist eine Wohngruppe nicht in Paarbeziehungen unterteilt, bestehen zwischen allen Mitgliedern ähnliche intensive, im Intimitätsgrad nicht unterschiedene Beziehungen, dann handelt es sich meist um eine Kommune. Der Alltag in diesen Wohngruppen, ihr Lebensstil, die von ihnen vertretenen Ansichten und Ideologien mögen höchst unterschiedlich sein – ihnen allen gemeinsam ist zunächst einmal, daß sie für sich die Vorteile auswerten können, die das Zusammenleben in einer Gruppe bietet.

Isolierte Zweierbeziehungen – sie machen den Kern der Kleinfamilie aus – haben die Tendenz zu verkümmern: Die Partner gleichen sich einander an, die emotionale und intellektuelle Gespanntheit läßt nach, es fällt schwer, neue Reize einzuführen und sich mit Neuem auseinanderzusetzen, was Veränderung provoziert, schließlich hat man sich nichts mehr zu sagen. Demgegenüber bedeutet Gruppenleben stets Zusammensein unterschiedlicher Charaktere, Summation verschiedener Fähigkeiten, Vermehrung des Ideenreservoirs und der sozialen Beziehungen. Auch hier kann der Reiz des Neuen, kann die «Gruppendynamik» nachlassen – die Gruppe kann sich aber stets regenerieren durch Wechsel der Mitglieder, durch Aufnahme neuer Mitglieder.

Der größte Vorteil des Gruppenwohnens besteht darin, daß die Last der Hausarbeit und der Kindererziehung auf mehrere Menschen verteilt werden kann. Reihum – wechselnd von Tag zu Tag oder jeweils eine Woche lang – haben zwei Mitglieder «Hausdienst»: Sie kaufen ein, kochen, besorgen die täglich anfallende Hausarbeit, während die andern freigestellt sind, um ihren Interessen oder den Gemeinschaftsaufgaben der Gruppe nachzugehen. Auch die Versorgung der älteren Kinder kann abwechselnd von einem oder mehreren Gruppenmitgliedern konzentriert wahrgenommen werden.

Indem jeweils zwei Mitglieder zur Bewältigung bestimmter Aufgaben zusammengespannt werden, kann die Kommunikationsstruktur der Gruppe beeinflußt werden: Gemeinsame Arbeit schweißt zusammen, vermehrt die Kontakte, entdeckt Vorzüge und Nachteile des einen und des anderen. Die Beziehungen, die durch Zusammenarbeit entstehen, brauchen mit den intimen Paarbeziehungen nicht übereinzustimmen, sie können sogar ein Gegengewicht bilden und ein Abkapseln der Paare verhindern.

In einer Wohngruppe fällt es leicht, das Zusammenleben so zu organisieren, daß die geschlechtsspezifische Arbeitsteilung aufgehoben wird und der einzelne nicht mehr den Ansprüchen der traditionellen Geschlechterrollen unterliegt. In der Wohngruppe gibt es keine «Frauen-» und keine «Männerarbeit». Die Gruppe achtet streng darauf, daß jeder – unabhängig von seinem Geschlecht – alles tut: Bügeln, Knöpfeannähen, Stopfen besorgt jeder für sich – in der Hausarbeit, bei der Kinderversorgung übernehmen die Männer dieselben Aufgaben wie die Frauen.

Es zeigt sich allerdings, besonders in der Anfangszeit einer Wohngruppe, wie stark jeder einzelne seine Geschlechtsrolle verinnerlicht hat, wie schwer es fällt, sich von ihr zu befreien. Die Frauen neigen dazu, als erste vom Tisch aufzuspringen, wenn Essen nachgeholt werden muß, sie sehen herumliegenden Dreck eher als die Männer, sie können mit kleinen Kindern besser umgehen – die Männer hingegen drücken sich gern wenigstens vor der «unmännlichsten» Hausarbeit, sie lassen sich vielleicht zum Abtrocknen herab, überlassen aber das Spülen den Frauen.

In diesen Schwierigkeiten wirkt sich hilfreich aus, daß in der Wohngruppe eine Solidarisierungsmöglichkeit mit der Gruppe des eigenen Geschlechts besteht. Neben der Paargliederung, die durch intime Beziehungen und gemeinsame Arbeit entsteht, kann sich eine zweite Grundstruktur entwickeln, die von den Beziehungen zu den geschlechtsgleichen bestimmt ist. Die Untergruppe des eigenen Geschlechts gibt Rückhalt, sie hilft, Probleme, die mit der eigenen Geschlechtsrolle zusammenhängen oder die gegenüber dem anderen Geschlecht bestehen, zu artikulieren und Lösungsmöglichkeiten vorzubereiten. Es kommt auch manchmal vor, daß Frauen eine eingeschlechtliche «Weiberkommune» gründen, um unabhängig von den Männern an ihrer Emanzipation zu arbeiten. Daß solche Zusammenschlüsse durchaus den gewünschten Erfolg haben können, wird einem klar, wenn man bedenkt, daß die Emanzipation der Frau fast immer an der Unemanzipiertheit des Mannes scheitert: Solange der Mann sich unsicher fühlt und mit Angst reagiert, wenn seine Partnerin nicht etwas kleiner, etwas jünger, etwas dümmer ist als er, müssen die Frauen die Unterlegene spielen, wenn sie auf Beziehungen zum anderen Geschlecht nicht verzichten wollen.

Die Wohngruppe ermöglicht der Frau, ernsthaft und dauernd einem Beruf nachzugehen, auch dann, wenn sie kleine Kinder hat. Sind die Wohngruppenmitglieder freiberuflich tätig, oder haben sie gemeinsam einen eigenen Betrieb (einen Verlag, ein Architekturbüro usw.), läßt sich die Kinderversorgung besonders leicht regeln: Für einige Zeit scheidet jeweils ein Elternpaar aus dem Berufsleben aus, es wird von den anderen Gruppenmitgliedern mitversorgt und kümmert sich um die Kinder. Häufig ist diese Lösung auch dann möglich, wenn abhängige Arbeitsverhältnisse bestehen. In der Zeit, da die Erwerbstätigkeit ruht, kann eine intensive Fortbildung betrieben werden, so daß die Rückkehr ins Berufsleben häufig auf einer höheren Qualifikationsstufe gelingt. Als weitere Möglichkeiten, das Problem der Kinderversorgung zu lösen, bieten sich an: die Aufnahme von Personen, deren Beruf die Kindererziehung ist; Zusammenwohnen mit jungen Leuten, die ihre Zeit weitgehend selbständig einteilen können, weil sie noch in der Ausbildung stehen. Sobald die Kinder zur Schule gehen, kann ihre Betreuung von allen Wohngruppenmitgliedern nach einem ähnlichen Reihumverfahren wahrgenommen werden wie die Versorgung des Haushalts.

Probleme und Schwierigkeiten

Neben diesen Vorteilen des Gruppenwohnens, die sich vor allem vorteilhaft auf die Gleichberechtigung und Gleichbefähigung von Frau und Mann auswirken, die das Emanzipationsstreben der Frau unterstützen und eine Befreiung von tradierten Geschlechterrollen ermöglichen, entstehen aber auch neue Probleme und Schwierigkeiten.

Wohngruppen sind freiwillige Zusammenschlüsse auf der Grundlage von Sympathiebeziehungen. Sympathie allein schafft aber keinen dauerhaften, krisenfesten Gruppenzusammenschluß. Erst wenn es gelingt, Aufgaben und Ziele zu finden, die dem Zusammenleben eine objektive Notwendigkeit geben, hängt der Zusammenhalt nicht mehr allein von der subjektiven Beliebigkeit der Wohngruppenmitglieder ab, und erst dann besteht die Chance, daß die Wohngruppe zu einer dauernden Einrichtung, zu einer Institution, wird, auf die der einzelne sich verlassen und mit der er rechnen kann.

In den meisten Wohngruppen sind sich die Mitglieder durch gemeinsame Interessen verbunden, und man hat sich Aufgaben vorgenommen, die nur durch gemeinsames Engagement gelöst werden können. Es kann sein, daß sich die Wohngruppenmitglieder schon lange kannten, ehe sie zusammenzogen: Sie arbeiteten zusammen in einer politischen Gruppe, sie lernten sich im Studium oder in einer Forschungsgruppe kennen, sie kamen über gemeinsame Berufsinteressen zusammen, beispielsweise als Pädagogen. Es gibt Wohngruppen, denen ein kleiner Handwerksbetrieb oder ein Fuhrunternehmen gehört, die eine Druckerei betreiben, die zusammen eine Anwaltspraxis haben. In dieser Hinsicht machen Wohngruppen ähnliche Erfahrungen wie Eheleute: Von nüchternen Sachgesetzen bestimmte Beziehungen, wie sie beispielsweise in gemeinsamer Berufsarbeit entstehen, binden dauernder als eine nur emotionale gegenseitige Zuneigung. Zusammenarbeit an bestimmten Aufgaben, die nicht das gemeinsame Leben selbst, sondern der Zwang zur Erwerbstätigkeit oder die Beteiligung am politischen Kampf stellt, entlastet außerdem die persönlichen Beziehungen von überhöhten emotionalen Ansprüchen, die meist – da niemand sie erfüllen kann – in bitterer Enttäuschung enden.

Ein weiterer wichtiger Faktor, der die Beziehungen innerhalb einer Wohngruppe mitbestimmt, ist der Wohnraum. Die Wohnungen in Neubauten entsprechen allenfalls den Bedürfnissen einer Kleinfamilie. Wohngruppen brauchen nicht nur viele Zimmer, die Zimmer müssen auch zweckentsprechend angeordnet sein, Küche und Gemeinschaftsräume müssen groß genug sein, ebenso notwendig sind ausreichende sanitäre Einrichtungen. Nur große Altbauwohnungen, große Ein- und Mehrfamilienhäuser, Bauernhöfe sind für das Gruppenwohnen einigermaßen geeignet. Es ist schwierig, solche Wohnungen zu bekommen – oft sind umfangreiche Umbauten nötig. Am besten wäre es, Wohngruppen könnten sich neue Häuser, die ihren Bedürfnissen entsprechen, bauen.

An der Frage, wie eine Wohnung für Wohngruppen aussehen soll, scheiden sich allerdings die Geister. So wird von Kommunen der Standpunkt vertreten, daß *ein* Wohnraum, *ein* Schlafraum, *ein* Raum für Kochen und Essen genügt. Sie wollen ein Kollektiv sein, und das setzt ihrer Ansicht nach voraus, daß das Bedürfnis nach Privatheit und Intimität – eine Folge bürgerlichen Besitzstrebens, wie sie meinen – abgeschafft wird. Zu ihrem Verzicht auf Privateigentum gehört, daß niemand ein eigenes Zimmer beanspruchen kann.

Die Kurzlebigkeit der Kommunen und ihre starke Mitgliederfluktuation scheinen allerdings durch diesen übertriebenen Kollektivismus verursacht zu sein. Schon Wilhelm Reich hat in einer Analyse der Kommunen der zwanziger Jahre darauf hingewiesen (‹*Die sexuelle Revolution*›, Frankfurt a.M. 1966), daß Wohngruppen nur dann längere Zeit bestehen bleiben, wenn sie das Bedürfnis nach Intimität, Für-sich-Sein, Individualität berücksichtigen. Gerade wenn man zu mehreren in einer Gruppe lebt, darf Zusammensein nicht zu einem Zwang werden. Jeder braucht «sein eigenes Reich», das für die anderen tabu sein muß, wenn er es will. Diesen «Individualbereich» muß er nach eigenem Geschmack einrichten können, denn jeder braucht Möglichkeiten, seine Eigenheit und Eigenart auszudrücken. Außerdem ist man auch einfach einmal die anderen leid; man muß sich von ihnen zurückziehen können, bis man neu das Bedürfnis verspürt, mit ihnen zusammen zu sein.

Alleinsein- und Zusammenseinkönnen (vereinzelt, zu zweit, in einer Untergruppe, abgelöst von der Gesamtgruppe, sein können) – dieser mögliche Wechsel macht einen Großteil der Dynamik einer Wohngruppe aus. Dazu braucht jeder sein eigenes Zimmer, und so hängt die Mitgliederzahl einer Wohngruppe einfach von der Zahl der Zimmer ab, die ihr zur Verfügung steht. Man wird selten Wohngruppen finden, die mehr als zwölf Mitglieder haben, die Kinder eingeschlossen. Sie entsprechen damit der Größe von Face-to-face-Gruppen (in größeren Gruppen kann nicht mehr jeder mit jedem Kontakt haben).

Die Erfahrung lehrt allerdings: Wenn dem Bedürfnis nach Vereinzelung, nach Für-sich-sein-Wollen Raum gegeben wird, dann muß die Gruppe aktiv und bewußt dafür sorgen, daß ihr Zusammenhalt bewahrt bleibt. Sonst entsteht bald ein Nebeneinanderherleben wie in einem Wohnheim. Darum ist das Zusammensein in den meisten Wohngruppen durch ein «organisatorisches Gerüst» gesichert. Wenigstens einmal am

Tag treffen sich alle Mitglieder zum gemeinsamen Essen (zu einer Zeit, die am geeignetsten ist). Ein besonderer Gemeinschaftsraum ist eingerichtet für Spiel, Unterhaltung, Feste, für Fernsehen und Schallplattenhören, hier werden die Gruppendiskussionen geführt, und hier trifft man sich mit seinen Gästen. Zur Sicherung des Gruppenzusammenhalts gehört auch die Vorschrift, daß man sich zumindest an einem Abend in der Woche zu einem ausführlichen Gruppengespräch trifft.

Es mag überraschen, daß das Zusammenbleiben der Wohngruppe eigens organisiert und institutionalisiert werden muß, da doch bei allen der Wille vorausgesetzt werden kann, in einer Gruppe zu wohnen und zu leben. Man muß jedoch bedenken, daß das Gruppenwohnen noch im Experimentierstadium steht. Es gibt noch keine selbstverständlich gewordenen, eingeschliffenen Gewohnheiten, Spielregeln, Verhaltensmuster wie in der Familie. Die den Gruppenzusammenhalt sichernde Ordnung muß erst gefunden, ihre Nützlichkeit praktisch erprobt werden. Auf Grund neuer Erfahrungen müssen die Regeln des Zusammenlebens geändert, weiterentwickelt werden.

So kann eine Gruppe sich beispielsweise zunächst vornehmen, daß das Sauberhalten der Wohnung der spontanen Initiative überlassen bleibt: Wer Staub und Schmutz sieht und gerade Zeit hat, macht ihn eben weg. Dann aber machen die Gruppenmitglieder die Erfahrung, daß in ihnen allen ein Hang besteht, auf Kosten der andern faul zu sein. Unnötige Konflikte entstehen, bis sich die Einsicht durchsetzt, daß die Erledigung von Gemeinschaftsaufgaben geregelt werden muß: Es wird ein gemeinsamer Putztag beschlossen, oder jeder bekommt einen bestimmten Wohnbereich zum Sauberhalten zugewiesen.

Hinzu kommt, daß Wohngruppenmitglieder genauso wenig wie andere Menschen gelernt haben, Gruppenleben bewußt zu gestalten. Längst gibt es zwar eine eigene «Wissenschaft von der Gruppe», noch immer aber wird der einzelne eher Opfer von Gruppenprozessen als sie in Kooperation mit den anderen bewußt zu gestalten. Egoismus haben wir alle gelernt, nicht aber soziale Sensibilität und soziale Vernunft.

In einer Wohngruppe zu leben, bedeutet also, sich bewußt schwierigen und langwierigen Lernprozessen zu stellen. Jeder muß an seinem Charakter arbeiten, sich in Soziabilität üben, und die anderen müssen ihm dabei helfen, indem sie ihn auf Fehler aufmerksam machen und beim Korrigieren der Fehler unterstützen. Alle zusammen müssen lernen, in ihrem Gruppenleben die Bedürfnisse, Vorlieben, Interessen der Mitglieder auszubalancieren, nicht nur für das Ich, sondern auch für das Wir zu denken und zu handeln. Gruppenwohnen ist eine Schule der Selbsterziehung und eine Einübung in bewußtes Gestalten von Gruppenbeziehungen.

Dazu müssen Gruppengespräche als Dauerinstitution eingerichtet werden. In gemeinsamer Diskussion werden Konflikte, neu entstandene Probleme analysiert, Vorschläge für Lösungen der Schwierigkeiten werden erarbeitet, das vergangene Geschehen wird kritisch überprüft, künftige Aktivitäten werden vorgeschlagen und geplant. Es hat sich als nützlich erwiesen, wenn hin und wieder an solchen Gruppengesprächen ein Außenstehender (am besten ein Mitglied aus einer anderen Wohngruppe) als Supervisor teilnimmt; er kann verhindern, daß die Gruppe «betriebsblind» wird. Achten muß die Gruppe darauf, daß psychoanalytische Verfahren gemieden werden. Sonst entsteht eine wilde Analysiererei, vor der schon Sigmund Freud gewarnt hat: Wer die psychoanalytische Technik am besten beherrscht, oder wem die andern das zutrauen, gewinnt Autorität, die unbewußt zur Unterdrückung der anderen ausgenutzt wird («Darin zeigt sich doch gerade, daß ich deinen Komplex richtig beschrieben habe, wenn du dich so heftig dagegen wehren mußt!»). Es darf auch nicht vorkommen, daß die Gruppenentscheidungen am stärksten von demjenigen beeinflußt werden, der am besten verbalisieren kann.

Erziehung der Kinder

In Wohngruppen mit Kindern sind Erziehungsprobleme ständiger und wichtigster Besprechungspunkt. Dadurch entsteht zunehmende Bewußtheit in Erziehungsfragen und gegenseitige Kontrolle des Erziehungsverhaltens. Das ist ein großer Vorteil gegenüber der Familienerziehung, die – nachdem enge nachbarschaftliche Beziehungen kaum noch irgendwo bestehen – von niemandem kontrolliert wird. Wohngruppen bieten auch bessere Voraussetzungen zur Korrektur des erzieherischen Verhaltens.

Weitere Vorteile kommen hinzu: In Wohngruppen ist die Kindererziehung gemeinsame Aufgabe aller Erwachsenen. Zwischen «meinen» und «deinen» Kindern wird möglichst wenig unterschieden. Der Zufall, bei einem bestimmten Elternpaar aufwachsen zu müssen, wird für die Kinder nicht mehr so schicksalsbestimmend. Das einzelne Kind hat mehrere Bezugspersonen – es ist nicht so eng an die leiblichen Eltern gebunden und allein auf sie angewiesen. Sehr früh schon lernen die Kinder, sich unter den Erwachsenen diejenigen Partner auszusuchen, die ihrem jeweiligen Bedürfnis am ehesten entsprechen: X kann am besten Spielen, Y erzählt die schönsten Geschichten, mit Z macht es Spaß, spazierenzugehen. Auch die Erwachsenen haben ein entspanntes Verhältnis zu den Kindern, denn sie stehen nicht mehr unter dem Druck, ständig für «ihr» Kind dasein zu müssen und alle Verantwortung allein zu tragen.

Die Kinder wachsen außerdem in einer größeren Gleichaltrigengruppe heran als in der Familie, in der sie – da die Geschwister im allgemeinen um Jahre jünger oder älter sind – eigentlich immer in der Situation von Einzelkindern aufwachsen. Die Gleichaltrigengruppe entlastet vom Druck der

Erwachsenen, sie schafft ein Gegengewicht gegen ihre Überlegenheit.

Diese Bedingungen haben zur Folge, daß die Ödipussituation gemildert wird. Ein flexibles, rationalen Erwägungen zugängliches Über-Ich kann sich entwickeln. Die Kinder werden früh eigenwillig und selbständig. Da sie in vielfältigen Sozialbeziehungen aufwachsen und gewöhnt sind, auf andere Rücksicht zu nehmen, werden sie soziabler und weniger egoistisch als «Familienkinder».

Die Ansicht, das kleine Kind brauche *eine* Bezugsperson, am besten die Mutter, ein Wechsel der Bezugspersonen verursache Hospitalismusschäden, ist immer noch weit verbreitet. Neuere Untersuchungen, beispielsweise Auswertungen von Erfahrungen der Kibbuzerziehung, haben diese Meinung als Vorurteil entlarvt. Ein Kind braucht affektive Zuwendung, Wärme, Liebe, gute Versorgung – *wer* ihm seine Bedürfnisse befriedigt, ist ihm gleichgültig, auf das *Wie* kommt es ihm an. Ein Plural von Bezugspersonen kann also ohne Schäden für das Kind eingesetzt werden, und damit werden die Sozialisationsbedingungen entscheidend verändert: Das nächste soziale Umfeld des Kindes kann nun autoritätsarm strukturiert werden, und damit wird es möglich, nichtautoritäre, in Selbst- und Mitverantwortung geübte Charaktere zu erziehen.

Aber – so wird häufig gegen die Erziehung in Wohngruppen eingewendet – was passiert mit diesen Kindern, die ohne Autoritätsdruck erzogen wurden, wenn sie eines Tages autoritären Verhältnissen, beispielsweise in der Schule, ausgesetzt werden? Sind sie dann nicht völlig hilflos?

Erste Erfahrungen über die Lebensbewährung von Wohngruppenkindern liegen heute bereits vor. Danach scheint sich zu bestätigen, daß nichtautoritär erzogene Kinder bessere Intelligenzfähigkeiten entwickeln als autoritär erzogene. Das gilt besonders für den sozialen Bereich. Die Kinder sind in der Lage, Disharmonien, Widersprüche, Konflikte ebenso zu erkennen wie autoritäre Verhaltensweisen; sie fragen nach ihren Ursachen und setzen sich mit ihnen auseinander. Sie können sich mit Gleichaltrigen verbünden und solidarisches Verhalten auch unter größeren Belastungen durchhalten. Wissen sie selbst keinen Rat, oder sind sie überfordert, stellen sie ihre Probleme in der Wohngruppe zur Diskussion und holen sich Hilfe von den Erwachsenen. Sich in autoritären Verhältnissen zu bewähren, ist für Wohngruppenkinder eine wichtige Lernaufgabe, für die sie bessere Voraussetzungen mitbringen als «Familienkinder».

Allerdings muß eine wichtige Bedingung erfüllt sein, damit die Wohngruppenerziehung so positive Ergebnisse erreicht: Die Erwachsenen müssen sich über ihre Erziehungsziele und ihren Erziehungsstil einigen, und sie dürfen nichtautoritäre Erziehung nicht mit Laissez-faire-Erziehung verwechseln. Die Erwachsenen müssen sich klar darüber sein, daß Sozialisation ohne Frustration nicht möglich ist. Es kommt darauf an, wie ein Kind an Frustrationen gewöhnt wird (ob man sie ihm aufzwingt oder ob man ihre Notwendigkeit einsichtig macht), und es ist entscheidend, welchen Frustrationen ein Kind ausgesetzt wird (ob beispielsweise Frustrationen vermieden werden, die Erwachsene nur aus Bequemlichkeit oder als Beweis ihrer Überlegenheit verlangen).

Vertreten Wohngruppenmitglieder in diesen Grundsatzfragen unterschiedliche Positionen, erleben die Kinder beispielsweise den einen Erwachsenen als streng, den andern als nachgiebig, dann entstehen uneindeutige Sozialisationsbedingungen. Die Kinder reagieren darauf mit Unsicherheitsgefühlen und – in Abwehr ihrer Unsicherheit – mit gesteigerter Aggressivität. Sie lernen außerdem bald, die Erwachsenen gegenseitig auszuspielen. Das kann so weit gehen, daß die Kinder zu regelrechten Tyrannen der Erwachsenen werden.

Besitz und Sexualität

Zwei Probleme beschäftigen die Öffentlichkeit vor allem, wenn über Wohngruppen diskutiert wird: die Regelung des Besitzes und der sexuellen Beziehungen. Daß das eine mit dem andern zusammenhängt, ist an der Institution Ehe und an den Gesetzen, die sie sichern, deutlich abzulesen. Es ist auch ganz verständlich, daß beide Probleme so starke Beachtung finden: Der Gesellschaft können Lösungsversuche, die so direkt ihre Wirtschafts- und Werteordnung tangieren, nicht gleichgültig sein.

Um so mehr sind Außenstehende immer wieder überrascht, wenn sie feststellen müssen, daß Besitz und Sexualität für die meisten Wohngruppen leicht lösbare und darum keineswegs vordringliche Probleme sind. Wiederum muß man allerdings Kommunen ausnehmen, zu deren Programm die Abschaffung individuellen Eigentums und dauerhafter Paarbeziehungen gehört.

Häufig regeln die Wohngruppen das Besitzproblem bereits in ihrer Gründungszeit, und zwar einfach auf Grund der nüchternen Frage, wie sie sich finanzieren sollen. Es gibt verschiedene Lösungen, die sich gleichermaßen bewährt haben: Alle bestreiten die Ausgaben zu gleichen Teilen, oder jeder zahlt einen bestimmten Prozentsatz seines Einkommens, oder die Einkünfte aller werden zusammengelegt und über die Ausgaben wird gemeinsam beschlossen, es kann sein, daß jeder über die ihm verbleibenden Gelder frei verfügt oder daß jeder nur ein Taschengeld aus der gemeinsamen Gruppenkasse erhält. Welche Regelung eingeführt wird, hängt von den Existenzbedingungen ab: Haben die Mitglieder unterschiedlich hohe Einkünfte, ist eine andere Lösung praktikabel als in einer Wohngruppe, die gemeinsam ein Unternehmen führt.

Das Problem des Eigentums hängt ebenfalls mit den Existenzbedingungen eng zusammen. Am häufigsten kommt die Lösung vor, daß zum Gruppenbesitz nur die Einrichtungen und Anschaffungen gehören, die von allen benutzt werden (z. B. Waschmaschine, Auto, Einrichtungen in den Gemeinschaftsräumen). Wer Individualität bejaht, muß Eigentum zulassen. Privateigentum wirkt sich nur dann schädlich aus, wenn jemand aus seinem Eigentum Besitzvorteile ableitet, die ihm Vorrechte gegenüber anderen geben und eine Ausbeutung der Nichtbesitzenden ermöglichen.

Es kommt selten vor, daß Wohngruppen an der Eigentumsfrage scheitern. Fühlen sich alle Mitglieder wohl, dann läßt die gewohnte Orientierung an egoistischen Interessen rasch nach. Außerdem ist Gruppenwohnen sehr viel billiger als das Leben in getrennten Wohnungen. Das gilt vor allem für die laufenden Unkosten und die Einrichtungen (z. B. müssen Haushaltsgeräte nur einmal angeschafft werden). Das selbstverdiente Geld ist gleichsam mehr wert, und darum ist man eher zum Teilen bereit. Ausschlaggebend dürfte aber der starke wirtschaftliche und soziale Rückhalt sein, den eine gut funktionierende Wohngruppe bietet: In wirtschaftlichen Krisen, die einzelne durchmachen, gibt der Beistand der andern große Sicherheit (der Ausfall eines «Ernährers» ist keine Katastrophe mehr wie in der Familie, weil die Existenzsicherung nicht von einem allein abhängt), und auf Konsum um des Prestiges willen kann man verzichten, weil das Selbstwertgefühl nicht mehr vom Angeschafften, sondern von der Achtung der Gruppe abhängt.

Beziehungen nach außen

Die starke Solidarität, die Wohngruppenmitglieder verbindet, wirkt sich jedoch auf die sexuellen Beziehungen nicht so aus, daß jeder dem andern auch zum Sexualpartner wird. Es gibt Wohngruppen mit unverheirateten, noch nicht fest gebundenen jüngeren Leuten, die in ihrer Gründungszeit eine allgemeine «Promiskuität in der Gruppe» anstreben; immer aber entstehen nach einiger Zeit Paarverbindungen, entweder innerhalb der Gruppe oder zwischen Mitgliedern und Außenstehenden. Bejaht die Wohngruppe lang dauernde Beziehungen, dann zeigt sich, daß Paarbeziehungen in einer Gruppe leichter durchzuhalten sind als in einer gesellschaftlich isolierten Familie. Die beiden Partner sind bei der Lösung ihrer Spannungen und Konflikte nicht mehr auf sich selbst angewiesen; es kommt sogar häufig vor, daß die andern sie auf Diskrepanzen in ihrer Beziehung aufmerksam machen, die sie selbst noch gar nicht empfinden, und so werden Krisen vermieden, weil ihre Ursachen bereits erkannt und beseitigt sind, ehe es zum Ausbruch einer Krise kommt. Positiv wirkt sich weiterhin aus, daß nicht mehr *ein* Partner alle Vorlieben teilen, alle Ansprüche möglichst vollkommen erfüllen muß – die Zweierbeziehung wird entlastet, weil die kommunikativen Bedürfnisse auch bei den anderen Gruppenmitgliedern befriedigt werden können.

Am wenigsten kann vorläufig über die Außenbeziehungen von Wohngruppen und ihre gesellschaftlichen Einflußmöglichkeiten ausgesagt werden; die vorliegenden Erfahrungen sind ziemlich disparat. Die Autarkie mancher Wohngruppen hat Abkapselungstendenzen zur Folge, so daß sie ähnlich isoliert leben wie Kleinfamilien – sie genügen sich selbst. Im allgemeinen jedoch kann man feststellen, daß Wohngruppen sozial und politisch außerordentlich aktiv sind. Das zeigt ihr Engagement für gesellschaftliche Minderheiten und Randgruppen, in der Betriebsgruppen- und Stadtteilarbeit. Manche Bürgerinitiative geht von ihnen aus. Es besteht keine so scharfe Trennung zwischen Beziehungen innerhalb der Gruppe und gesellschaftlichen Beziehungen – der Übergang von Privatheit zu Öffentlichkeit ist fließend. Allein dadurch schon, daß die Wohngruppe eine Mehrpersonengruppe ist, hat sie größere gesellschaftliche Repräsentanz als die Kleinfamilie. Wohngruppenmitglieder sind in der Gruppenarbeit geübt und haben im allgemeinen keine Affekte gegen die Übernahme öffentlicher Verantwortung.

Daß jedoch bedeutsame gesellschaftliche Veränderungen von Wohngruppen ausgehen könnten, ist allein schon wegen ihrer immer noch geringen Zahl kaum zu erwarten. Bisher sieht es eher so aus, als sei die «Wohngruppen-Bewegung» eine Anpassung an veränderte gesellschaftliche Bedingungen: Möglichkeiten der Demokratisierung, die heutzutage im privaten Bereich ohne weiteres möglich sind, können hier besser wahrgenommen werden als in der autoritär strukturierten Kleinfamilie. Dadurch entstehen besonders den Frauen und den Heranwachsenden bessere Voraussetzungen für ihre gesellschaftliche Emanzipation. Und das allerdings ist auch für die Gesellschaft bedeutsam, denn ihre Entwicklung zu realdemokratischen Zuständen in allen Bereichen hängt entscheidend davon ab, ob die Individuen Emanzipationsmöglichkeiten nutzen, die sie heute schon haben.

Johannes Feil

Familie ohne Alternative?

Die bürgerliche Kleinfamilie scheint eine überholte Erscheinung in der technisierten Leistungsgesellschaft zu sein. Obwohl sie für die Aufrechterhaltung des Produktionsprozesses noch immer eine ausschlaggebende Bedeutung als kleinste selbständige Produktionseinheit hat, häufen sich die kritischen Stimmen, die die Ehe und die Kleinfamilie als ein veraltetes Phänomen ansehen.

Viele Ehen zerfallen ebenso schnell wie sie eingegangen werden, nach außen jedoch zeigt die Familie sich relativ stabil, und insgesamt ergeben die Nachrichten von der Ehefront ein widersprüchliches Bild.

Zwar hat sich das äußere Bild der Kleinfamilie durch gesellschaftliche Wandlungsprozesse im Laufe der Zeit geändert, ihre soziale Funktion als Stabilisator der Gesellschaft ist jedoch die gleiche geblieben. In einer Veränderung begriffen ist zum Beispiel die Rolle der Frau innerhalb der Kleinfamilie, und diese Veränderung könnte auf längere Sicht zu einer echten Bedrohung für die heile Kleinfamilienwelt werden. Allgemein gilt die Frau immer noch als Lustobjekt des starken Mannes, allerdings hat ihr die Pille eine größere Unabhängigkeit verschafft, und die Thesen radikaler Frauenrechtlerinnen haben in der Öffentlichkeit zu einem differenzierterem Bild der Frau beigetragen.

Allein die Technisierung des modernen Haushalts löst die (Haus-)Frau immer mehr von ihrer traditionellen Rolle des Heimchens am Herd, das für Kinder, Küche und Kirche zuständig ist.

Die Befreiung von den ursprünglichen Dienstleistungsfunktionen der Frau in Haushalt und Ehe führt einerseits zu einer vermehrten Freizeit, die selten genug sinnvoll gestaltet werden kann (Grüne Witwen), andererseits versetzt sie viele Frauen in die Lage, sich am gesellschaftlichen Produktionsprozeß zu beteiligen. Sie arbeiten. Da auch die Kindererziehung, ehemals traditionelle Domäne der Frau, durch die Akzentuierung der Bildung (in Form von Vorschulerziehung, ausgedehnterem Schulbesuch usw.) die Frau bei weitem nicht so sehr beansprucht wie etwa vor fünfzig Jahren, befindet sie sich innerhalb der Familie in einer neuen Situation, die durchaus zu einer strukturellen Veränderung der Familie führen könnte.

Jedoch scheint sich die Frau mit ihren vermehrten Möglichkeiten zur Selbstrealisierung zufriedenzustellen und leidet «gleichberechtigt» mit dem Mann an den Kommunikationsschwierigkeiten eines frustrierenden Ehelebens, in dem sich täglich der gleiche Rhythmus Arbeit–Fernseher–Bett wiederholt.

Die Familie vermag innerhalb einer entfremdeten Umwelt zumindest die Illusion der Sicherheit und des sinnvollen Lebens zu vermitteln, und an dieser Illusion hängen schließlich Tausende von Kleinfamilien, die von außen vielleicht stabil erscheinen, im Kern aber schon lange morsch sind.

Besonders privilegierte Gesellschaftsschichten, die über größere finanzielle Unabhängigkeit, über mehr Zeit (und daher mehr Langeweile) verfügen, haben es im Vergleich zur arbeitenden Bevölkerung leichter, mit neuen Lebensformen zu experimentieren, die den grauen Alltag auflokkern sollen. Die Idee der Großfamilie ist daher auch – vorwiegend von großbürgerlicher Seite – bereitwillig aufgegriffen worden, dazu kam die Sex-Welle, die den Partnerwechsel als modernes Gesellschaftsspiel legitimierte, und auch ein frustrierter Industriemanager konnte sich in eine neue Jugend hineinversetzt fühlen.

Diese blinde Übernahme von Modellen, die in ihrem Ursprung ganz andere Ursachen und Ziele haben, auf die später eingegangen wird, hat jedoch nur den äußeren Rahmen der Institution Kleinfamilie ein wenig verändert. Die Großfamilie ist somit als Wundermittel gegen Frustration, Streß und Magengeschwür angepriesen worden, es zeigt sich aber sehr schnell, daß das Leben in einer Großfamilie nicht alle Probleme mit einemmal vom Tisch fegen kann.

Ein repressionsfreies Leben in einer Gemeinschaft setzt eine Bewußtwerdung der gesellschaftlichen Situation des Individuums voraus. Und die Sex-Spiele einiger ausgeflippter Kapitalisten ändern an ihrem Konsumbewußtsein gar nichts, denn sie wechseln den Partner wie das Hemd oder das Auto.

Es ist daher nicht verwunderlich, daß die einzigen echten Alternativen zur institutionalisierten Kleinfamilie aus der sogenannten Subkultur kamen, die sich soziologisch vorwiegend aus Abkömmlingen der bürgerlichen Ober- und Mittelklasse zusammensetzt. Ökonomisch ist sie noch nicht im gesamtgesellschaftlichen Produktionsprozeß integriert und ist somit einerseits noch nicht in eine totale gesellschaftliche Abhängigkeit geraten, andererseits sind Leistungsdruck und Konsumzwang nicht derartig verinnerlicht, daß die psychischen Voraussetzungen zur «Bewußtseinsänderung», die für das Gruppenleben unabdingbar sind, nicht mehr vorhanden wären. Diese Situation hat zu einer Radikalisierung des Bewußtseins geführt.

Die Kommune-Idee tauchte während der sogenannten Studentenunruhen auf, die 1967 in Berkeley (USA) ihren Anfang nahmen. Zunächst waren es amerikanische Hippies, die die Ideen der «Love Generation» propagierten, und aus der Vorstellung der «natürlichen Verbundenheit aller Menschen» heraus konnte man die künstlichen Schranken der Kleinfamilienwelt ohne weiteres durchbrechen und in Solidarität gemeinsam neue Lebensformen experimentell gestalten. Auch die Gesellschaftskritik der Neuen Linken (von Herbert Marcuse über Ronald D. Laing bis zu Eldridge Cleaver u. a.) hat in diesem Zusammenhang große Bedeutung, denn die ersten Kommune-Experimente lassen sich durchaus als ein Versuch verstehen, eine Lebensform zu entwickeln, deren theoretischer Unterbau sich auf die Ziele einer linken Gesellschaftskritik beruft.

Die Forderung nach dem «Utopia-Here-and-Now», die sich zum Beispiel auch in der Gründung von Kommunen als Teil einer Gesellschaftsumwandlung äußert, mag für dogmatische Kommunisten wohl etwas voreilig klingen, es ist jedoch nicht von der Hand zu weisen, daß die praktische Verwirklichung sozialistischer Ideale in dieser Form schon jetzt möglich ist und daß der Kommune-Gedanke auf Massenbasis konsequent durchgeführt durchaus zu einer sozio-ökonomischen Veränderung der Gesamtgesellschaft führen kann.

Die große Weigerung der Nachkriegsgeneration, in die Fußstapfen ihrer Eltern zu treten und sich kritiklos in die Leistungsgesellschaft zu fügen, ruft bei diesen Unverständnis und Ablehnung hervor. Aus der Ablehnung entsteht bei der Jugend wiederum ein Verlangen nach Solidarität, das sich auch in der spontanen Gründung von Kommunen äußert.

Wenn auch die idealistischen Ziele der jungen Rebellen oft etwas unklar formuliert sind, so wird es doch deutlich, daß die Voraussetzungen ihres Lebensverständnisses grundlegend anderer Natur sind als die profitorientierten Ideale ihrer Eltern. «Das Menschenbild [der Hippies] ist nicht vom Haß aller gegen alle bestimmt, sondern orientiert sich an einem urkommunistischen Liebeskonzept.»[1] Vielleicht ist eine der Ursachen für dieses weltweite jugendliche Aufbegehren bei den sich wandelnden Erziehungsmethoden zu suchen, da die ältere Generation ihre Kinder nicht mehr direkt für die Übernahme einer vorgegebenen Welt erzogen hat, sondern ihnen nach Erkenntnissen der Freudschen Psychologie eine «freie» Entwicklung ermöglichen wollte.

USA

Die Kommune-Idee, wie sie heute überall in der Welt verwirklicht wird, ging aus der in San Francisco geborenen «Hippie-Welle» hervor. Heute sind Kommunen verschiedenster Art und Größe aus dem Alltag der amerikanischen Jugend kaum wegzudenken. Es beteiligen sich aber in zuneh-

1 Jost Hermand: ‹*Pop International*›. Frankfurt am Main 1970, Athenäum-Verlag, S. 75.

menden Maße auch ältere Menschen an diesen Experimenten. Riesige Gemeinschaftsunternehmen wie «Drop City» oder die «Hog Farm» gehören ebenso in dieses Bild wie kleine Studentenwohngemeinschaften in den Städten. Theoretiker wie R. Buckminster Fuller entwarfen eigens dafür komplexe Bauten, sogenannte «Geodesic Domes», die den Ansprüchen einer Gemeinschaft gerecht werden konnten. Die amerikanischen Landkommunen, wo mehrere Hundert Menschen zusammen leben, betreiben größtenteils eigene Landwirtschaft – oft nach makrobiotischen Prinzipien – und versuchen so, ein von der Umwelt unabhängiges Leben zu führen.

Es gibt religiöse Kommunen verschiedenster Glaubensrichtungen, die oftmals auf gemeinsame LSD-Erlebnisse zurückzuführen sind. Die Hintergründe, Motive und Lebensregeln der einzelnen Kommunen mögen sich noch so sehr voneinander unterscheiden, man kann jedoch beobachten, daß sich die unzähligen Kommunen als solidarische Einheit und als Gegenstück zum offiziellen Amerika auffassen. Nur sind die Vereinigten Staaten sowohl in geographischer als auch in politischer Hinsicht ein ziemlich unübersichtliches Gebiet, so daß es einem Betrachter von außen schwerfällt, die Ziele einer derartigen «Gesellschaftsveränderung von innen» zu überschauen.

Dänemark

Bei einem kleinen Land wie Dänemark ist ein Überblick eher möglich. Dänemark wird, wie die anderen skandinavischen Länder auch, was die sozialen Errungenschaften betrifft, als ein «Musterland» angesehen. Die allgemeine Freizügigkeit, man denke zum Beispiel an die Freigabe der Pornographie, macht sich auch darin bemerkbar, daß man der Jugend in ihrer Entwicklung von vornherein freien Lauf läßt und ihr bei der Verwirklichung eigener Ideale nicht den irrationalen Widerstand entgegenstellt, der zum Beispiel in einem weit mehr von Konservativismus und Tradition geprägten Land wie der Bundesrepublik Deutschland auftritt. Daher ist es auch nicht verwunderlich, daß sich die Vorstellungswelt der amerikanischen *drop-out*-Kultur hier relativ schnell etablieren konnte. Dies hängt nicht zuletzt damit zusammen, daß die öffentliche Politik in Dänemark schon viel früher dem Sozialwesen und der Bildung die Bedeutung zumaß, die ihnen allmählich auch in der BRD zuerkannt wird – teilweise erst durch die direkte Kritik der Betroffenen (Studentenunruhen).

Die Ideen der Hippie-Kultur wurden also schnell in Dänemark rezipiert, gleichzeitig kamen die Drogen, die von den Ideen schon nicht mehr zu trennen sind. In kurzer Zeit hatte sich eine Scene institutionalisiert, die einer regen öffentlichen Anteilnahme und Kritik ausgesetzt war. In der BRD waren es vor allem die Ansatzpunkte einer politischen Kritik, die von den Studenten übernommen wurden. Wieso man sich hier nicht mit der gleichen spontanen Begeisterung den mehr kulturphilosophischen Betrachtungsweisen anschloß, und sie auch praktisch verwirklichte, soll hier nicht erörtert werden, vielleicht liegt es an der legendären deutschen Gründlichkeit, die erst den richtigen Rahmen (die Revolution) finden muß, um sich dann einem Leben nach dem Lustprinzip hingeben zu können.

In diesem größeren Zusammenhang einer internationalen Veränderung müssen auch die Interviews mit den Großfamilien im «Dänischen Kommunebuch» gesehen werden. Man fühlt sich in der Scene als Wegbereiter einer neuen menschlichen Gesellschaft, die nicht so sehr auf politische Ideologien festzulegen ist, sondern primär einen humanistischen Anspruch erhebt. Die politischen Zielsetzungen, die natürlich nicht vernachlässigt werden, gehen etwas diffus in eine sozialistisch-anarchistische Richtung; man ist ja schließlich links. Spontane Solidarität entsteht hier durch uniforme äußere Kennzeichen und Drogengenuß. Man lebt nach makrobiotischen Essensregeln, man beschäftigt sich mit Buddhismus und okkulten Dingen. Es ist somit praktisch schon eine selbständige Gegenkultur entstanden, mit einer eigenen Kunst, eigener Literatur und vor allem einer eigenen Musik – dem Beat. Die Großfamilie ist nur der menschliche Rahmen für dieses neue Leben. Das Wichtigste an dieser Entwicklung ist jedoch die Tatsache, daß sich diese «Werte» fest in das Bewußtsein der Beteiligten eingeprägt haben: Konservativen Ideen wird nur mit Unverständnis begegnet. Auseinandersetzungen finden nicht statt. Wieso soll man eine Revolution machen, wenn man schon heute so leben kann, wie man will, und in dreißig Jahren ist man ja selbst an der Macht . . . Diese reichlich optimistische (und naive?) Ansicht ist aber kein durchgängiger Zug der dänischen Subkultur, man denkt nur nicht so sehr an die Zukunft, denn die Zukunft kommt ja ohnehin. Heute wird versucht, neue Lebensformen zu entwickeln, um den profitorientierten Leistungszwang des Systems zu umgehen und ein individuelles Glück zu ermöglichen. Durch die progressive Sozialstruktur des Landes wird verhindert, daß krasse Widersprüche offensichtlich werden; dennoch ist auch Dänemark ein kapitalistisches Land, nur ist der Kapitalismus dort in eine Phase der totalen Verschleierung getreten. Anstatt nun seine Energie in sinnlosen Demonstrationen zu vergeuden, versucht die Neue Linke Dänemarks schon in der Gegenwart das Leben der Zukunft vorzubereiten. Deshalb betont die «Sub-Ideologie» auch die «Innere Revolution» als Voraussetzung jeglicher äußerer Veränderung. Damit läuft die Großfamilie natürlich in Gefahr, zu einem sozialen Freiraum zu werden, wo in exklusivem Kreis die Illusion eines post-revolutionären Zustands gehegt wird.

Andererseits muß man aber der Neuen Linken Dänemarks für ihre Fähigkeit zur Organisation Anerkennung zollen. Man könnte ihr vielleicht vorwerfen, sich bereits etabliert zu haben, man muß dabei aber bedenken, daß die herrschenden Verhältnisse für jegliche Aktivität – zumindest nach außen – eine gewisse Organisation erforderlich machen.

Das «KoKoo» (Kollektiv Koordineringen) ist ein organisatorischer Zusammenschluß der meisten Kommunen und Großfamilien Dänemarks, der sich zum Ziel gesetzt hat, einerseits neuen Wohngruppen bei der Gründung juristische Hilfe zu erteilen und ihnen praktische Erfahrungen und Erkenntnisse weiterzuvermitteln, andererseits die Kommunikation und den Austausch von Erfahrungen unter den bereits bestehenden Gruppen zu erleichtern.

Det ny samfund (Die neue Gesellschaft) ist ein politisch nicht festgelegter Verein, der – vorwiegend in Kopenhagen – verschiedenste Aktivitäten und Veranstaltungen organisiert – sämtliche nichtkommerzieller Natur. Dazu gehören Vorträge, Beatkonzerte (die meisten dänischen Beat-Gruppen haben sich in einem Verein – *musik og lys* – zusammengeschlossen, der dem *Ny samfund* angegliedert ist), der Unterhalt eines «Kulturzentrums» (Projekt hus) in Kopenhagen, das aber letzten Sommer zeitweilig geschlossen werden mußte, da im Haus mit Drogen gehandelt wurde, und schließlich als Höhepunkt des Sommers 1970 die Vorbereitung und Durchführung eines drei Monate dauernden «Hippie-Festivals» in Nordjütland (Frøstrup), das für die meisten Teilnehmer zu einem ekstatischen Erlebnis einer bisher nicht gekannten Gemeinschaft wurde.

Bundesrepublik Deutschland

In der BRD gibt es auch Kommunen, wir haben auch unsere «Hippies», jede Stadt hat ihre Scene, vom Drogenkonsum ganz zu schweigen. Die Äußerlichkeiten stimmen auch, aber trotz alldem täuscht dieses Bild über die eigentliche Situation hinweg. In der Scene fühlt man sich kaum solidarisch, sondern man gibt sich möglichst *cool*, konsumiert die neuesten Produkte der kommerzialisierten Pop-Industrie und bleibt am Ende in der kleinbürgerlichen Vorstellungswelt verhaftet, da helfen auch noch so viele Trips nicht.

Es gibt heute jedoch schon einige bemerkenswerte Ansätze zu einer echten Auseinandersetzung mit den neuen Ideen. In den letzten Jahren hat sich sogar die Existenz eines deutschen Beats manifestiert, der lange auf sich hat warten lassen. Die Organisation «Release» (Verein zur Bekämpfung der Rauschgiftsucht) hat, teilweise nach englischen und dänischen Vorbildern, den einzigen ernst zu nehmenden Beitrag zur praktischen Lösung des Rauschgiftproblems in Deutschland geleistet. Die junge Zeitschrift *Germania* versucht, den Provinzialismus der deutschen Sub-Kultur zu zerstören und ein Gefühl der bundesweiten Solidarität zu vermitteln. Auch die in einigen Städten (z. B. Frankfurt, Hamburg, Berlin) spontan organisierten Hausbesetzungen zeugen von einem erwachenden Selbstbewußtsein der jungen Linken. Dennoch muß man wohl dem folgenden Zitat zustimmen: «Die wenigen wahren Hippies, die es in Deutschland gegeben hat, sind längst in den Vorderen Orient oder nach Indien ausgewandert.»[1] Vielleicht ist das deutsche Klima für solche Experimente nicht geeignet. Die einzigen Gruppen, die zur (politischen) Solidarität fähig sind, sind die vielzähligen linken Gruppen, die wegen ihrer internen ideologischen Auseinandersetzungen aber auch nicht zu einer gemeinsamen Basis kommen.

Es ist daher auch nicht verwunderlich, daß die wenigen Kommunen, die in der BRD berühmt geworden sind (z. B. die Kommunen 1 und 2 in Berlin oder die Kommune Horla in München), zu Anfang zwar ein recht anspruchsvolles Programm aufstellten – sie verstanden sich als Versuch der «Revolutionierung des bürgerlichen Individuums» – nach einiger Zeit sich jedoch auflösen mußten, weil die internen Streitigkeiten ihrem öffentlichen Anspruch nicht gerecht werden konnten. Sie benutzten zum Teil ihr links-liberales Image lediglich zur Selbstbestätigung der eigenen Progressivität und entwickelten sich zu kommerziellen Unternehmen, die den Bedarf der bürgerlichen Öffentlichkeit an anstoßerregenden Berichten oder Filmen über die neue deutsche Sub-Kultur stillen konnte.

Es ist nicht immer möglich, zwischen der Sub-Kultur und der Neuen Linken genaue Grenzen zu ziehen, dafür gibt es zu viele Überschneidungen, teilweise auch falsche Interpretationen, ganz davon abgesehen, daß der Begriff «Neue Linke» auch nicht eindeutig zu definieren ist. Die extremen Positionen werden jedenfalls vom reinen Pop-Kommerz der Sub-Kultur und den anarchistischen Aktionen der Baader-Meinhof-Gruppe bezeichnet.

Heute gibt es in der BRD, vor allem in den Universitätsgroßstädten, schon unzählige Kommunen, Großfamilien oder Wohngemeinschaften. Auch ältere Menschen versuchen, in einer Großfamilie ihrem Dasein einen neuen Sinn zu geben und dem Zwang der bürgerlichen Kleinfamilie zu entkommen. Im Gegensatz zu den erwähnten Vorgängen in den USA und Dänemark fassen sich aber die wenigsten Gruppen als Teil einer gesamtgesellschaftlichen und menschlichen Veränderung auf. Man fühlt sich eher als exklusive Gruppe innerhalb einer bestehenden Ordnung und bleibt in der Isolation. Zur Zeit mag das größtenteils noch daran liegen, daß die internen Probleme unter den einzelnen Mitgliedern einer Gruppe zunächst eine ungeheure Energie erfordern, da eine bürgerliche Erziehung sich nicht ohne weiteres überwinden läßt. Sobald diese Phase der Gewöhnung

1 Jost Hermand: ‹*Pop International*›, S. 92.

an die veränderten Voraussetzungen des Gruppenlebens vorüber ist, sollte man aber die Möglichkeiten ausnutzen, die dieses Experiment tatsächlich anzubieten hat. Das spontane Entstehen von Kommunen läßt sich nämlich durchaus als Teil einer gesamtgesellschaftlichen Veränderung sehen, vorausgesetzt, daß die Großfamilien nicht nur zu einem psychostabilisierenden Ersatz für die Kleinfamilie werden.

Kommune – Großfamilie – Wohngemeinschaft

Diese drei Begriffe werden heute oft synonym verwendet. Primär bezeichnen sie auch das gleiche Phänomen, nämlich das Zusammenleben mehrerer nicht unbedingt verwandter Menschen in einer Wohnung bzw. einem Haus. Es gibt jedoch zwischen diesen Begriffen gewisse Unterschiede, die im folgenden näher definiert werden. Die Abgrenzungen verlaufen aber nicht geradlinig, es gibt viele Überschneidungen. Hier sollen deshalb nur die Schwerpunkte erläutert werden.

Der Begriff «Kommune» ist in den Ohren kleinbürgerlicher Moralisten gleichbedeutend mit Gruppensex, Rauschgift und Anarchismus. Schuld daran sind vor allem die Selbstenthüllungen einiger publicitysüchtiger Kommunarden in München oder die Versuche zur Revolutionierung des bürgerlichen Individuums durch die Kommune 2 in Berlin, die in der bürgerlichen Monopolpresse als schlimmste Gefahr für Gesellschaft und öffentliche Moral dargestellt wurden. Man ahnte wohl schon, daß die Kommune-Experimente zu einer wirklichen Bedrohung des Fortbestands der Kleinfamilien in der kapitalistischen Leistungsgesellschaft werden konnten. Darüber hinaus waren allein schon die Versuche, die anerzogenen Normen einer bürgerlichen Sexualmoral zu überwinden, für bürgerlich-bornierte Moralisten abschreckend und verwerflich genug. Dieses negative Bild ist in der Öffentlichkeit genügend propagiert worden, und was eine Kommune tatsächlich ist, oder was sie zumindest beansprucht zu sein, ist totgeschwiegen worden.

«Kollektives Leben mit politischer Arbeit verbinden» war das Motto der Kommune 2 in Berlin. Die Kommune hat neben der Funktion, für ihre Mitglieder ein repressionsfreies Leben in einer solidarischen Gemeinschaft zu ermöglichen, einen ausgesprochenen politischen Anspruch. «Wir unterscheiden ... Kommunen von Großfamilien dadurch, daß jene über die Verweigerung gegenüber drückenden Familienformen hinausgehen und die Befriedigung der eigenen individuellen Bedürfnisse verbinden mit dem politischen Kampf gegen die Quellen ihrer Unterdrückung.»[1]

1 Kommune 2: ‹*Versuch der Revolutionierung des bürgerlichen Individuums*›. Köln 1971, Kiepenheuer & Witsch, S. 9.

Eine Kommune ist demnach eine Wohngemeinschaft von Sozialisten, die einerseits in einer kapitalistischen Gesellschaft sozialistische Lebensformen antizipieren will – auch um die Kinder für das Leben in einer repressionsfreien Gesellschaft zu erziehen –, andererseits aber ist sie zugleich Basis und Organisationsform für den Kampf gegen die herrschenden Verhältnisse. Es besteht für ihre Mitglieder gewissermaßen eine dialektische Beziehung zwischen ihren persönlichen Verhaltensweisen in der Kommune und ihrer politischen Betätigung, da die individualistisch orientierte Erziehung des Bürgertums, von der alle Kommunarden mit bürgerlicher Erziehung geprägt sind, zunächst überwunden werden muß, um durch den politischen Kampf eine Gesellschaftsform zu schaffen, die eine reale Befriedigung menschlicher Bedürfnisse gewährleistet. Das bürgerliche Individuum ist mit seinem Konkurrenzverhalten zu solidarischem Handeln unfähig, und allein solches Handeln kann zu einer politischen Umwälzung beitragen. Die Aufgabe der Kommune ist es deshalb, einerseits die für den politischen Kampf notwendigen Verhaltensweisen praktisch zu erlernen und andererseits Ausgangspunkt des politischen Kampfs selbst zu sein.

Die Großfamilie dagegen verbindet mit ihrer Existenz nicht so sehr politische Zielvorstellungen. Sie soll ihren Mitgliedern zunächst einmal ein möglichst praktisches und angenehmes Leben ermöglichen, und dabei vor allem die Isoliertheit des Kleinfamiliendaseins überwinden. Die ursprüngliche Bedeutung des Wortes Großfamilie bezieht sich auf mehrere Generationen *einer* Familie (Großeltern, Eltern und Kinder), die unter einem Dach zusammen lebten. Was man heute darunter versteht, ist von der traditionellen Bedeutung des Wortes gar nicht einmal allzu weit entfernt. Zumeist sind es bereits etablierte (Klein-)Familien, Paare mit oder ohne Kindern, die bereits über relativ stabile finanzielle Verhältnisse verfügen und die gemeinschaftlich zusammen leben, teils, um so in den Genuß der rein wirtschaftlichen und praktischen Vorteile zu kommen, die das Gruppenleben bieten, teils aber auch, um ein Leben in einer harmonischen und menschlichen Umgebung führen zu können. Der Unterschied zur vorindustriellen Großfamilie besteht lediglich darin, daß die patriarchalische Struktur, die dem Vater als Oberhaupt der Familie die höchste Autorität einräumte, aufgelöst und durch eine zumindest angestrebte Gleichberechtigung aller Mitglieder ersetzt ist.

Politische Ansprüche wie die Kommune stellt die Großfamilie in den wenigsten Fällen, obgleich sie, nach ihrem politischen Standort befragt, wohl immer eine mehr oder weniger «linke» Weltanschauung offenbaren wird. Eine Großfamilie faßt sich in den meisten Fällen als solidarische Einheit auf, die auch auf längere Sicht bestehen und so unter anderem für die Kinder der Gruppe zu einem beständigen Zufluchtsort und Instrument ihrer Erziehung werden soll.

Demgegenüber steht schließlich die Wohngemeinschaft, die – wie der Name schon sagt – primär ein Mittel zum Zweck ist, nämlich das Zusammenleben einzelner Menschen zu ermöglichen, die sich zumeist aus finanziellen Gründen entschließen, ein Haus oder eine große Wohnung gemeinsam zu bewohnen. Eine Wohngemeinschaft ist in den wenigsten Fällen eine homogene Gruppe, wie die Kommune oder die Großfamilie es für sich beansprucht zu sein. Die Mitglieder können beliebig ausgetauscht werden, da auf den mitmenschlichen Kontakt in einer solchen Gemeinschaft nicht der gleiche Wert gelegt wird, wie es in der Großfamilie der Fall ist. Die Gemeinschaft beschränkt sich auf äußerliche Dinge, wie die gemeinsame Finanzierung der Unterkunft und vielleicht auch eine gemeinsame Haushaltsführung. Die Mitglieder einer Wohngemeinschaft sind größtenteils Studenten, Schüler, Lehrlinge oder Jungarbeiter, die innerhalb der Gesellschaftsstruktur noch keinen festen Platz eingenommen haben. Sie haben auch kaum einen Wunsch nach einer zeitlichen Beständigkeit der jeweiligen Gruppe, sondern die Wohngemeinschaft wird zumeist nur als Übergangslösung aufgefaßt. Es ist aber durchaus möglich, daß sich aus einer solchen Gemeinschaft eine Großfamilie oder eine Kommune entwickelt oder daß einzelne Mitglieder der Wohngemeinschaft versuchen, eine neue Gruppe aufzubauen, die ihren Vorstellungen nach einem menschlichen Leben in einer verwalteten Umwelt eher gerecht werden kann.

Das Gruppenleben

Obwohl es zwischen Kommunen, Großfamilien und Wohngemeinschaften gewisse Unterschiede gibt, soll im folgenden der Versuch gemacht werden, ohne Rücksicht auf die unterschiedlichen Zielvorstellungen der jeweiligen Gruppierungen, die charakteristischen Merkmale, die Vorteile und die Schwierigkeiten des Gruppenlebens darzustellen. Das Phänomen «Großfamilie» ist, wie schon angedeutet wurde, an sich keine neue Erscheinung. Vielleicht hat sie sogar eine ältere Tradition als die bürgerliche Kleinfamilie, die bezeichnenderweise in ihrer heutigen Form als isolierte Kernzelle einer entfremdeten Leistungsgesellschaft erst im Zeitalter der Industrialisierung auftauchte. Eine nach Kapitalistischen Prinzipien strukturierte Gesellschaft benötigt für ihr reibungsloses Funktionieren eine Absicherung, die ihre Mitglieder möglichst voneinander isoliert. Die Kleinfamilie ist eine solche Isolierzelle, da dort dem arbeitenden Menschen eine totale Befriedigung aller Bedürfnisse vorgegaukelt werden kann. Der Sexualtrieb wird durch die institutionalisierte Ehe befriedigt, alle anderen menschlichen Bedürfnisse werden durch den ständigen Konsumzwang verdrängt, der eindeutig eine Ersatzbefriedigung darstellt und darüber hinaus durch eine expandierende Konsumgüterindustrie die Wirtschaft und ihren Profit in Gang hält.

Alle Bedürfnisse werden durch die Werbung genauestens programmiert; ein eventuelles Bedürfnis nach Kultur ist von vornherein gefährlich und wird daher durch einen Kulturersatz (Trivialliteratur, Fernsehserien) gestillt, der genau auf die Wünsche und Sehnsüchte der im Produktionsprozeß integrierten Kleinfamilie zugeschnitten ist.

In den heute existierenden Großfamilien und Kommunen wird nun der Versuch gewagt, aus den isolierten Milieus der Kleinfamilie zu entfliehen und in einer neuen Umgebung mit anderen Voraussetzungen eine soziale Primärgruppe zu schaffen, die mehreren Menschen und ihren Kindern zur Lösung sowohl wirtschaftlicher als auch psychischer Probleme und als echter Ausgangspunkt für Aktivitäten jeder Art dienen kann. Die veränderten Voraussetzungen des Gruppenlebens beziehen sich vorwiegend auf das Gebiet der menschlichen Kommunikation, das von Vertrauen und Offenheit gegenüber allen Mitgliedern der Gruppe geprägt sein muß, um der Gruppe auch auf längere Sicht das Gefühl der Zusammengehörigkeit zu vermitteln und so den Fortbestand zu garantieren.

Das Gruppenleben erfordert eine Neuorientierung, da die Prioritäten nicht mehr nach individuellen Interessen gesetzt werden, sondern bei jedem Beschluß primär die Berücksichtigung des Gruppeninteresses gewährleistet sein muß. Allein aus dieser Voraussetzung resultieren für die meisten Gruppen schon zu Anfang Probleme. Wer kann schon eindeutig festlegen, was das Gruppeninteresse überhaupt ist und inwiefern sich individuelle Interessen damit in Übereinstimmung bringen lassen? Diese Überlegungen sind jedoch für eine harmonische Existenz der Gruppe von entscheidender Bedeutung, und ihre Lösung kann zu einem wichtigen Lernprozeß werden.

Allerdings muß man sich davor hüten, das Eigeninteresse sofort einem noch nicht reflektierten Gruppeninteresse unterzuordnen, denn auch das Gruppeninteresse muß erst erarbeitet werden, gerade um dabei möglichst auch eventuelle Sonderwünsche der Einzelmitglieder berücksichtigen zu können.

Diese Vorrangigkeit des Gruppeninteresses bedeutet jedoch nicht, daß durch das Gruppenleben die Individualität des einzelnen Mitglieds verlorenginge. Dieser Vorwurf gegenüber den Kommunen ist von bürgerlicher Seite oft vorgebracht worden, und auch dadurch hat die Öffentlichkeit ein falsches Bild von diesen Experimenten erhalten. In der solidarischen Gruppe, die eine Kommune ausmacht, wird nur der Zwang, in jeder neuen Situation eine «angemesse» *Rolle* zu spielen, aufgegeben.

In dem entfremdeten Alltagsleben einer bürgerlichen Familie gibt es ganz bestimmte Verhaltensmuster und Rolleneinteilungen, die von Kind an erlernt werden, und durch deren Einhaltung das geordnete Funktionieren des gesamten «Gesellschaftslebens» abgesichert wird. Dieser Zwang und die Angst, aus der Rolle zu fallen, verschwindet in einer harmonischen Gruppe vollkommen. Einfach gesagt, kann sich jeder so verhalten, wie es seiner Persönlichkeit oder seinen Bedürfnissen entspricht. Das Gruppenleben wirkt sich bei der Bewußtwerdung der ursprünglichen Persönlichkeitsstruktur insofern positiv aus, als «abweichende» Charakterzüge, festgefahrene Rollenmechanismen oder psychische Sperren, die fast immer einer falschen Erziehung entstammen, innerhalb der Gruppe aufgedeckt und im Idealfall überwunden werden können. Gerade in den Gruppendiskussionen werden nämlich die *spezifischen* Charakterzüge der Einzelmitglieder deutlich. Deshalb sind in einer Gruppe viel eher die Voraussetzungen für eine echte Realisierung der individuellen Persönlichkeit gegeben, da der ewige Zwang zum Rollenspiel, der für die traditionellen Familien- und Gesellschaftsstruktur charakteristisch ist, entfällt – zumindest innerhalb der Gruppe. Aber die Solidarität und die Sicherheit, die die Gruppe dem Einzelmitglied vermittelt, bewirkt auch, daß nach außen eine viel engagiertere und überzeugendere Aktivität möglich ist, die sich oft in Aktionen äußert, die einer gesellschaftskritischen Haltung entspringen.

In einer harmonisch zusammen lebenden Gruppe werden Konflikte, die in der Gruppe auftauchen, nicht verdrängt, sondern durch offene Gespräche bewußt gemacht und dann auf eine gemeinsame Lösung hin untersucht. Innerhalb der Gruppe braucht der einzelne nicht um eine Bloßlegung des eigenen Innenlebens zu fürchten, das die anderen Gruppenmitglieder kritisieren oder für andere Interessen mißbrauchen könnten, da jegliche Kritik nicht als Vorwurf aufgefaßt wird, gegenüber dem der Betroffene sich rechtfertigen und verteidigen muß, sondern zunächst als objektive Feststellung angesehen wird, deren Berechtigung zu überprüfen ist. Die reale Gleichberechtigung aller Mitglieder und die Offenheit im Handeln müssen vor allem dann gewährleistet sein, wenn die Gruppe sich erfolgreich mit den auftauchenden psychischen Problemen beschäftigen will. Damit hängt auch das Selbstverständnis der Gruppe zusammen, das nach außen die Existenz der Gruppe nachweist und nach innen zur Konsolidierung beiträgt. Das Selbstverständnis der Gruppe kann sich von einer zur anderen natürlich sehr unterscheiden, zunächst muß es jedoch durch eingehende Gruppengespräche entwickelt werden, um so zu einer objektiven Analyse der jeweiligen Motivation des Einzelmitglieds zu kommen.

Die Gruppengespräche sind vor allem beim Start eines Kommune-Experiments wichtig, da die vielleicht unbewußten Erwartungen an das Gruppenleben erkannt werden müssen, um ihren Ursprung aufzudecken und sie miteinander zu koordinieren. Gerade weil die herkömmlichen Erziehungsmethoden dem Gruppenleben nur schlechte Voraussetzungen bieten, muß die Gruppe lernen, Emotionen nicht zu verdrängen, sondern sich zu ihnen zu bekennen und sie auch offen zu äußern. Der sich daraus ergebende Sensibilisierungsprozeß ist für den Bestand der Gruppe maßgebend, da akzeptierte und realisierte libidinöse Bindungen innerhalb der Gruppe Voraussetzung für ihre Existenz sind.

In einer harmonischen Gruppe entwickelt sich oft ein gruppenspezifisches Verhaltenssystem, das viele Dinge symbolhaft darstellt und unmittelbar nur für «Eingeweihte» verständlich ist. Die Erweiterung der menschlichen Kommunikation auf den nicht-verbalen Bereich ermöglicht ein weitaus spontaneres und intuitiveres Verständnis für Mitteilungen, die auf diese Weise übertragen werden. Die nicht-verbale Kommunikation, die in einer festen Gruppe eine große Rolle spielt, wird vorwiegend dazu benutzt, Gefühle und Empfindungen mitzuteilen, für die Worte nur Metaphern sein können. Der Bereich des Erotischen wird hier mit einbezogen. Nach einiger Zeit wird das gesamte Gruppenleben durch eine natürliche Sinnlichkeit geprägt sein, die sich aber erst entwickeln kann, wenn die Gruppe anerzogene Wert- und Moralvorstellungen abgelegt hat. Direkter körperlicher Kontakt ist innerhalb einer Gruppe nichts Außergewöhnliches, da beim einzelnen durch die intellektuelle Übereinstimmung mit den anderen Mitgliedern auch der Bedarf nach sowohl aktiver als auch passiver Zärtlichkeit nicht unterdrückt, sondern real empfunden und verwirklicht wird. Ein solcher körperlicher Kontakt wird in der bürgerlichen Öffentlichkeit peinlichst vermieden. Ein versehentliches Anstoßen im Bus oder in der Bahn muß sofort mit Höflichkeitsfloskeln entschuldigt werden. In der Gruppe aber trägt auch diese Art der Kommunikation nur zur Solidarität und zur Selbstbefreiung von bürgerlichen Zwängen bei.

Die Offenheit der Gruppe gegenüber allen Aspekten des menschlichen Bereichs führt mit sich, daß jeder Wunsch und jede Regung, die mit dem Über-Ich in Konflikt geraten, nicht automatisch verdrängt bzw. sublimiert werden, sondern daß zunächst nach ihrer Ursache gefragt und, falls es dem Gruppeninteresse nicht widerspricht, der Wunsch eben erfüllt wird.

Schwierigkeiten bereitet oft die Überwindung von Vorstellungen der traditionellen Sexualmoral. Ohne eine Bewußtseinsveränderung ist es nicht möglich, auf diesem Gebiet völlig neue Vorstellungen zu realisieren. Die Sexualität ist von dem Prinzip Zärtlichkeit nicht zu trennen und wird daher von der Gruppe als natürliches Phänomen aufgefaßt. Es ist aber kaum möglich, hier bestimmte Richtlinien des sexuellen Verhaltens aufzustellen, da jede Gruppe für sich entscheiden muß, wie weit sie gehen will. Allgemein läßt sich jedoch sagen, daß sich nach einer gewissen Zeit auch die Sexualität ins Gruppenleben integrieren läßt, nur kostet es sehr viel Mühe. Die freie Sexualität ist aber nicht eine notwendige Folgeerscheinung des Gruppenlebens, sondern nur eine ihrer Möglichkeiten. Vor allem bei der Kindererziehung in der Gruppe ist es aber wichtig, daß zur Sexualität ein freies Verhältnis herrscht, um bei den Kindern von vornherein Einflüsse zu vermeiden, die sich als Nährboden für Neurosen auswirken können.

Es ist interessant, die Entwicklung von Paarverhältnissen zu verfolgen, wenn sich ein Einzelpaar an einer Wohngruppe beteiligt. Die Motivation, ein Paarverhältnis einzugehen, beruht oft auf dem unbewußten Wunsch nach Sicherheit und nach einer möglichst verläßlichen Triebbefriedigung. Eine integrierte Gruppe ist aber durchaus in der Lage, ihren Mitgliedern das Gefühl der Geborgenheit zu vermitteln, und daraus resultieren für viele Paare Probleme, da sie sich in der Gruppe in einer ganz neuen Situation befinden, die an sich ihr früheres exklusives Paarverhältnis überflüssig erscheinen läßt und die unbewußte Motive bewußt werden lassen. Einerseits bedeutet es daher für bereits etablierte Paarverhältnisse ein gewisses Risiko, sich an einem Kommune-Experiment zu beteiligen, da sich ein solches Verhältnis innerhalb der Gruppe leicht auf den Bereich des Sexuellen reduziert oder ganz aufgelöst wird, andererseits können Paarverhältnisse durch das intensive Zusammenleben durchaus gefestigt werden, da die Gruppe entstehende Konflikte immer auffangen und gemeinsam lösen kann, oder es können sich in der Gruppe neue Paarverhältnisse bilden, die mit den Erkenntnissen des Gruppenlebens als Ausgangspunkt wahrscheinlich bedeutend stabiler sind.

Es hat sich nämlich gezeigt, daß sich in jungen Kommunen, vielleicht nach einer etwas pubertären Phase der mehr oder weniger realisierten Promiskuität, die hauptsächlich zur Überwindung bürgerlicher Zwangsvorstellungen diente, wieder Paarverhältnisse herauskristallisierten, die auch in der Gruppe akzeptiert wurden, da das Selbstverständnis dieser «Gruppen-Paare» nicht auf kleinbürgerliche Wertvorstellungen und unbewußtem, verdrängtem Sicherheitsbedürfnis beruht. Paarbildung ist hier primär das Ergebnis echter menschlicher Zuneigung.

Überhaupt ist die gegenseitige Sympathie für die Beständigkeit der Gruppe weitaus wichtiger als jede graue Theorie. Falls diese Zuneigung der Gruppenmitglieder nicht von vornherein gegeben ist, so kann sie sich im Laufe der Zeit entwickeln. Dafür sind gemeinsame Aktivitäten jeder Art von entscheidender Bedeutung, die darüber hinaus auch das tägliche Leben in der Kommune auflockern können. Das enge Zusammenleben bringt schon allein mit sich, daß man sich näherkommt, und daraus resultiert oft auch ein gemeinsames Auftreten in der Öffentlichkeit. Die Erlebnisfähigkeit des einzelnen wird gesteigert, da er an den Erfahrungen und Gefühlen der anderen immer teilnehmen kann. Hiermit hängt auch zusammen, daß in vielen Gruppen den als bewußtseinserweiternde gepriesenen Drogen gewisse Bedeutung zukommt. Auf die psychischen Wirkungsweisen soll hier nicht näher eingegangen werden, jedoch kann man feststellen, daß manchmal der gemeinsame Genuß von Haschisch beim Gruppengespräch die Überwindung von Rollenverhaltensweisen und ein spontanes Handeln erleichtert, ebenfalls wird die Assoziationsfähigkeit gesteigert und Gefühle intensiviert – alles Dinge, die für das Zusammenleben von entscheidender Bedeutung sind. Es soll hier aber keine Reklame für den Drogengebrauch als Wunderheilmittel für kaputte Gruppen getrieben werden. Es ist jedoch nicht verwunderlich, daß viele Gruppen erst durch den gemeinsamen Gebrauch von Drogen entstanden sind. Ein gemeinsamer LSD-Trip einer Gruppe kann zu einem außergewöhnlichen Erlebnis einer vollkommen natürlichen und unbefangenen, teilweise wortlosen Kommunikation werden. Eine solche Gemeinschaft möchte diesen Zustand im täglichen Leben bewahren und gründet eine Großfamilie, wo eine echte Kommunikation ohne Drogen möglich ist. In diesem Zusammenhang müssen auch die therapeutischen Wohngemeinschaften der Release-Organisation gesehen werden, die den Rauschgiftabhängigen zunächst als Ersatz für die totale Befriedigung der harten Drogen dienen soll, um ihnen dann neue Alternativen zu zeigen.

Die Kleinfamilien, auf deren Existenz die heutige Demokratie aufgebaut ist, hat mit demokratischem Verhalten im Bereich der Familie wenig zu tun, da die Isolation der einzelnen Familien eine Kommunikation untereinander verhindert. In einem zehnstöckigen Wohnsilo wie in einem Reihenhaus kann ein Bewohner sterben, ohne daß die Nachbarn es bemerken. In der Wohngruppe kann demokratisches Verhalten praktisch erlernt werden, auch weil es Voraussetzung für ihre Funktion ist. Im Gegensatz zur herkömmlichen Ehe hat das Einzelmitglied nicht nur eine Verantwortung gegenüber seinem Partner, sondern gegenüber jedem weiteren Mitglied der Gruppe, gegenüber den Kindern und gegenüber der Gemeinschaft überhaupt. Hier erst kann der Mensch lernen, was es heißt, Mensch als Teil einer Gemeinschaft zu sein.

Man muß sich aber darüber im klaren sein, daß das Gruppenleben Forderungen stellt, die dem isolierten Privatdasein in vielem entgegengesetzt sind, und daß es viel Zeit und Selbstüberwindung kostet, ein Kommune-Experiment erfolgreich verlaufen zu lassen.

Gesellschaftliche Zwänge, wie die Besitzrivalität und der Konsumzwang, lassen sich mit der Zeit in der Gruppe ohne sehr viele Schwierigkeiten abbauen. Die Schwierigkeiten des Gruppenlebens liegen eher im Bereich des Psychischen. Da Besitz in der Gruppe nicht mit einem bestimmten Status oder Ansehen verbunden ist – die Gruppe ist Eigentümer der materiellen Güter –, verliert er diesen Aspekt, der für den kapitalistischen Produktionsprozeß von entscheidender Bedeutung ist. Die Mitglieder einer Gruppe brauchen sich nicht durch eigenen Besitz gegenüber den anderen zu behaupten oder sich von ihnen abzuheben. Der allgemeine Besitz fördert ein allgemeines Nutzungsrecht an allen Besitztümern der Kommune. Bücher, Kleidung, Schallplatten usw. können von allen Mitgliedern gleichermaßen gebraucht werden. Dadurch entfällt auch der unüberlegte Verbrauch von Konsumgütern, weil die Gruppe als Gruppe einkauft und insofern nur konsumiert wird, was für die Gruppe wirklich notwendig ist. Daß viele Wohngruppen im Besitz von Fernsehapparaten, Autos, Tiefkühltruhen, Geschirrspülautomaten usw. sind, hat nichts mit dem Status zu tun, der diesen Dingen in einer bürgerlichen Kleinfamilie zugemessen wird, denn in der Gruppe werden diese Dinge als Gebrauchswaren verstanden, die einerseits zur Arbeitserleichterung wirklich notwendig sind und andererseits von einer Gruppe viel effektiver ausgenutzt werden können als von einer Kleinfamilie, für die solche Anschaffungen darüber hinaus eine erhebliche finanzielle Belastung bedeutet, die von einer Großfamilie eher zu tragen ist.

Ein Problem, das nicht immer sofort und zufriedenstellend gelöst werden kann, ist das gemeinsame Wirtschaften einer Gruppe. Da es durchaus vorkommt, daß die finanziellen Einkommen der Einzelmitglieder einer Gruppe von fast gar nichts bis sehr viel variieren, muß man einen Weg finden, der allen Mitgliedern möglichst gleiche Voraussetzungen bietet. Es gibt Großfamilien, in denen jedes Mitglied mit einem festen monatlichen Anteil (für Miete, Verpflegung usw.) beiträgt und den Rest seines Einkommens selbst verwaltet, es gibt aber auch andere Gruppen, in denen alles verdiente Geld der Mitglieder in einer gemeinsamen Kasse eingezahlt und daraus jedem ein gleich großer Betrag als Taschengeld zur Verfügung gestellt wird. Es ließen sich hierfür auch andere Modelle entwerfen, aber es wird immer Anlaß für Schwierigkeiten sein, wenn in einer Gruppe ein Mitglied über mehr Geld verfügt als die anderen. Daher ist es sehr wichtig, daß sich die Gruppe über die wirtschaftliche Seite des Gruppenlebens eingehende Gedanken macht, bevor sie sich zu einem Zusammenleben entschließt.

Über die rein praktischen und wirtschaftlichen Aspekte hinaus bietet die Großfamilie vor allem bei der Kindererziehung bedeutende Vorteile und vermehrte Möglichkeiten zur Realisierung eines freien Individuums. Die Eltern brauchen nicht allein ihre Zeit für das Kind zu opfern, sondern es ist möglich, diese Arbeit gleichmäßig unter allen Mitgliedern zu verteilen. Gleichzeitig verhindert man dadurch eine einseitige Erziehung, wie sie in der herkömmlichen Ehe der Fall ist, da dem Kind nur die Möglichkeit gegeben ist, sich an dem Verhalten zweier erwachsener Personen zu orientieren, wenn es nicht einen Kindergarten besucht. Der wechselnde Kreis der Bezugspersonen, der wiederum aber durch die jeweilige Gruppe begrenzt ist, relativiert die einseitigen Einflüsse eines Elternpaares und kann so zu einem objektiveren Erziehungsinstrument werden. Natürlich können auch hier Schwierigkeiten auftreten, weil vielleicht nicht alle Mitglieder die gleichen Ansichten darüber haben, was den Kindern erlaubt werden darf und was nicht, und daher ist innerhalb der Gruppe auch hier eine theoretische Auseinandersetzung mit der Problematik notwendig, bevor man damit beginnt, die Kinder der Gruppe kollektiv zu erziehen.

Die Kindererziehung in der Gruppe ermöglicht eine sehr intensive Beschäftigung mit dem Kind, die ein Elternpaar auch beim besten Willen selten dem Kind zu geben vermag. Darüber hinaus ist es natürlich nur ein Vorteil, daß Einzelkinder eines Paares nicht allein, sondern gemeinsam mit allen Kindern der Gruppe unter gleichen Voraussetzungen aufgezogen werden.

An Hand der Kindererziehung lassen sich auch die Möglichkeiten für eine echte Gleichstellung der Frau innerhalb der Gemeinschaft verdeutlichen. Bei der Kindererziehung ist es am ehesten möglich, eine traditionelle Funktion der Frau (als Erzieherin) zu überwinden, zumal die Frauen der Großfamilie meistenteils auch berufstätig sind, und die äußeren Gegebenheiten von vornherein alle Mitglieder, ob Mann oder Frau, in den Erziehungsplan miteinbeziehen. Die angestrebte Gleichberechtigung aller Mitglieder der Gemeinschaft lassen für traditionelle Geschlechterrollen keinen Spielraum, deren Überwindung aber mit einem schwierigen Lernprozeß verbunden ist, wie es auch aus den Antworten der dänischen Kommunen hervorgeht. Nur sind in einer Großfamilie die Voraussetzungen und die Möglichkeiten für eine echte Emanzipation der Frau ungleich besser als in einer herkömmlichen Ehe, zumal die Frauenemanzipation ja nicht allein eine Sache der Eigeninitiative der Frau ist, sondern vor allem auch vom Mann ausgehen und mit der Emanzipation des Mannes zusammenfallen muß.

Diese kurzen Bemerkungen zum Gruppenleben können natürlich nicht eine erschöpfende Darstellung der Problematik geben. Es sollen hier lediglich die Schwerpunkte aufgezählt werden, um einerseits Vorurteile zu vermeiden, aber auch um die vielen Schwierigkeiten anzudeuten, die das Leben in einem Kollektiv innerhalb einer nach anderen Gesichtspunkten strukturierten Gesellschaft mit sich führen. Die Vorteile des Gruppenlebens, die hier erwähnt wurden, sind größtenteils nur theoretische Vorteile, da die Praxis unter den Mitgliedern einer Großfamilie immer Konflikte hervorruft, die theoretisch zwar bewältigt zu sein scheinen, aber durch die Wirklichkeit immer wieder aufbrechen. Selbst eine noch so vollständige Theorie vermag die Probleme der Praxis nicht angemessen darzustellen, und deshalb kann schließlich nur die eigene Erfahrung lehren, was das Gruppenleben eigentlich bedeutet, vor allem, weil die Probleme von Individuum zu Individuum und von Gruppe zu Gruppe sehr verschieden sein können.

Die im «Dänischen Kommunebuch» folgenden Interviews mit drei dänischen Großfamilien sollen nun ergänzend versuchen, die Probleme der kollektiven Praxis aus der subjektiven Sicht der jeweiligen Mitglieder darzustellen.

Auf vielen Gebieten ist die Wohngemeinschaft heute schon eine anerkannte Institution geworden, wie es die erwähnten Release-Gruppen beweisen, aber auch die Sozialpsychologie anerkennt in zunehmendem Maß die Bedeutung der therapeutischen Wohngemeinschaften zur Rehabilitierung psychisch geschädigter Menschen oder junger Straffälliger, die durch das kollektive Leben mit gemeinsamer Verantwortung wieder zu einem sinnvollen Dasein zurückgeführt werden sollen. – Kommune, Großfamilie oder Wohngemeinschaft sind aber mehr als nur eine Heilmethode für ausgeflippte Rauschgiftsüchtige, ihre Bedeutung besteht vor allem in ihrer Funktion als echte soziale Primärgruppe, die allen Menschen unserer inhumanen Leistungsgesellschaft zunächst Schutz bieten kann. Die großstädtische Isolation in kleinen Wohnzellen kann aufgehoben und durch das solidarische Leben ersetzt werden, der Leistungswettbewerb entfällt innerhalb der Gruppe, und es wird Energie frei, um gesellschaftliche Veränderungen herbeizuführen.

Hinweise auf Literatur zum Themenkreis Kommune

Böckelmann, F.: Befreiung des Alltags. Modelle eines Zusammenlebens ohne Leistungsdruck, Frustration und Angst. München 1970. Rogner & Bernhard

Cooper, D., H. Marcuse, R. D. Laing, St. Carmichael u. a.: Dialektik der Befreiung. Reinbek 1969 (rororo aktuell 1274). Rowohlt Taschenbuch Verlag

Dig. Neue Bewußtseinsmodelle. Hg. v. K. Reese. Frankfurt am Main 1970. März Verlag

Haensch, D.: Repressive Familienpolitik. Reinbek 1969 (rororo sexologie 8023). Rowohlt Taschenbuch Verlag

Hermand, J.: Pop International. Frankfurt am Main 1970. Athenäum-Verlag

Kaiser, R. U.: Fabrikbewohner. Protokoll einer Kommune und 23 Trips. Düsseldorf 1970. Droste Verlag

Kommune 2. Versuch der Revolutionierung des bürgerlichen Individuums. Köln 1971. Kiepenheuer & Witsch

Petersen, Paul (Hg.): Wohngemeinschaft oder Großfamilie. Wuppertal 1972, Jugenddienst Verlag.

Rabbit, R.: Drop City. New York 1971

Kommune und Großfamilie. Eine Veröffentlichung des Instituts für Ehe- und Familienwissenschaften Zürich. Tübingen 1972, Katzmann Verlag

Ricther, H.-E.: Die Gruppe. Reinbek 1972, Rowohlt Verlag

Schlandt, J., und H. Fassbinder: Kommunehaus und Wohnkommune Berlin 1972, Reihe Projekte und Modelle Bd. 5. Edition Voltaire

Schwendtner, R.: Theorie der Subkultur. Köln 1971. Kiepenheuer & Witsch

Skinner, B.-F.: Futurum Zwei. Hamburg 1970. Wegner Verlag

The Alternative. Communal Life in New America. Hg. von W. Hedgepeth. New York 1970

Ungers, L. und O. M.: Kommunen in der neuen Welt 1740–1972. Köln 1972. Kiepenheuer & Witsch

Kommune Aldershvile

Zur gesellschaftlichen Situation der Kommune

Der folgende Artikel ist von der Kommune Aldershvile für eine dänische Zeitung verfaßt worden, als konservative Kräfte den Aufenthalt Rudi Dutschkes in Dänemark zu vereiteln suchten. Rudi Dutschke lebt heute mit seiner Familie in der Kommune Aldershvile bei Aarhus. Für diesen Band wurde der Artikel von den Autoren geringfügig geändert (Der Herausgeber).

Wir leben in einer Kommune. Woran denken Außenstehende, wenn sie das Wort «Kommune» hören? An Gruppensex, dreckige Füße und Hasch? Ist das immer noch die Vorstellung, die die Öffentlichkeit mit Kommunen verbindet? Wir geben ja zu, daß wir Bedürfnisse befriedigen können, die ihr nie erlebt habt, weil wir mit vielen zusammen wohnen. Uns geht es besser als den meisten von euch. Nicht weil wir etwa keine Probleme hätten, sondern weil wir eine Chance haben, daß unsere Probleme fruchtbarer werden und daß wir nicht in permanenter Resignation verkümmern.

Natürlich ist das «Wunschdasein» noch nicht erreicht, indem man eine neue Lebensform wählt und sich weigert, den überkommenen Rahmen des Daseins anzuerkennen. So einfach ist das nicht.

Daher ist es auch ein leichtes, von einer voreingenommenen Position aus eine oberflächliche Darstellung von Kommunen zu geben. Die Praxis des Kommunelebens hat für die himmlischen Zustände, die die Theorie entwirft, nicht genügend Beweiskraft, das ist euer Argument. Es ist nur merkwürdig, daß ihr uns gegenüber spontan eine negative Haltung einnehmt. Eigentlich geht es gar nicht um uns, sondern um euer Verhältnis zu uns. Warum dann das Postulat, das euch nur in euren Vorurteilen bestätigt: «Ihr seid in der Kommune doch gar nicht glücklicher.» Eine solche Reaktion hat nur eine Funktion, nämlich die, euch von der immer noch beunruhigenden Frage «Sind sie vielleicht doch glücklicher?» abzuhalten. (Sich darüber zu beunruhigen, könnte sonst ziemlich fruchtbar sein.)

Einerseits habt ihr eine Reihe von moralischen und tiefsinnigen Vorstellungen darüber, was der Mensch ist und was er tun kann, andererseits aber beunruhigt euch doch das Gefühl, daß zumindest einige eurer Bedürfnisse nicht befriedigt werden und daß wir vielleicht gerade diese befriedigen können. Kontakt zu Menschen, zu vielen Menschen. Nicht tagaus, tagein zu demselben verärgerten Gesicht heimkommen zu müssen. Wir haben Abwechslung, euch fehlt sie, und ihr wißt es. Aber auch, daß zuviel Abwechslung zuviel des Guten wäre – zu unmoralisch.

Und dies ist nur eine Seite der Problematik und des Werts der Kommunen. Wir haben gesehen, daß der Kommunegedanke in einigen Neubauten und Betrieben auftaucht. Gemeinsame Einrichtungen wie Swimmingpools, gute Kindergärten usw. sind Dinge, die Leute mit Geld sich noch leichter leisten können, wenn sie die Ausgaben teilen. Die private Sphäre der einzelnen Familie wird dabei aber nicht angetastet.

Auch in Betrieben werden Beschlüsse über dies und jenes gemeinsam gefällt, wird die Teamarbeit als produktionsfördernd angestrebt.

Wenn dieses Gerede der Betriebsleiter, Architekten und anderer über vermehrte Zusammenarbeit, über mehr gemeinsame Einrichtungen usw. ehrlich gemeint ist, wieso grenzt man sich dann so von uns ab? Ist der springende Punkt der, daß wir auch unter einem Dach schlafen? Oder ist es so, daß die etablierte Form von Kollektivismus in der Leistungsgesellschaft, die immer mehr Lenkung von oben verlangt, eine notwendige Entwicklung ist, während unsere Form von Kollektivismus ein Protest gerade dagegen ist?

Es handelt sich um unterschiedliche Lebensauffassungen, es werden Lebenshaltungen und Menschenauffassungen konfrontiert. Eure und unsere. Wir wollen versuchen, die wichtigsten Unterschiede dieser Lebensauffassungen zu beschreiben. Wir möchten betonen, daß wir von Lebensauffassungen reden und nicht von isolierten Problemen der Familie. Es ist nicht so einfach, zwischen euch, die ihr in Kleinfamilien lebt, und uns, die wir in Kommunen leben, zu unterscheiden. Was wir an der Kommune aufzeigen, sind die Verbindungen von kollektiver Lebensform mit der generellen Grundlage unserer Lebensauffassung, nämlich Phänomene, die die Kommunen der politischen Bewegung des Sozialismus zuordnen.

Ein wichtiger Teil unserer Wirklichkeit befindet sich außerhalb unseres Hauses. Wir sind politische Wesen, das heißt, wir sind praktische Wesen, die etwas mit ihrer Menschenauffassung verbinden und ganz konkrete Vorstellungen davon haben, wie wir in der Familie und am Arbeitsplatz leben sollen. Um unsere Situation besser verstehen zu können, wollen wir die Umstände beschreiben, die die Kommune als Familienform für uns aktuell werden ließ.

Wie sind wir hier gelandet? Wir sind durch eine gemeinsame Situation zusammengeführt worden: die Studentenunruhen. Wir haben uns bei Versammlungen, zu Demonstrationen getroffen, nachdem wir unsere kleinen privaten Zellen verlassen haben. Uns haben gemeinsame Ansichten über diese Zellen (Zimmer, Wohnungen) zusammengeführt, die die Möglichkeiten zum Zusammensein blockierten. Als wir politisch gearbeitet hatten und immer deutlicher erkannten, wie die Machtmechanismen der Gesellschaft funktionieren, kam uns auch die Erkenntnis, daß die Kleinfamilie dabei eine bedeutende Rolle spielt. In der Kleinfamilie kann man praktisch die Bürger der Gesellschaft mit ihren Problemen isolieren. Man kommt mit den Frustrationen des Arbeitsplatzes nach Hause, kann an ihnen aber nichts ändern. Man ist eingeschlossen, man hat mit den Forderungen, die die Gesellschaft stellt, genug zu tun, und niemand kann Lösungen anbieten. Die Gesetzgebung und dadurch die gängige Moral sichern und stabilisieren die Kleinfamilie und schränken dadurch das Aktionsfeld bedeutend ein.

Können ein oder zwei Menschen ihre Probleme denn immer selbst lösen? Wer hat denn schon angemessene Möglichkeiten und die Zeit, sich an dem zu beteiligen oder sich auch nur darüber einen gewissen Einblick zu verschaffen, was in den Gemeinden oder in den Parlamenten vor sich geht, wenn man in allen Gebieten auf sehr eng begrenzte Kreise angewiesen ist. Die Kleinfamilie ist das letzte Glied im Produktionsprozeß der kapitalistischen Gesellschaft. Im Verhältnis zur Produktion an sich mag sie weniger bedeutsam erscheinen; als abwiegelnder und damit stabilisierender Faktor nimmt sie aber eine zentrale Stellung ein. Hier wird das wichtigste Glied des Prozesses – der Arbeiter – «aufbewahrt», wenn er nicht für die Produktion gebraucht wird.

Wir sind jedoch alle Studenten. Diese Tatsache prägt einen großen Teil unseres Daseins. Unser Tagesablauf – die Dinge, die wir erleben und zu denen wir Stellung nehmen müssen – hängt natürlich davon ab, daß unser Arbeitsplatz die Universität ist. Prinzipiell unterscheidet sich jedoch unsere Haltung zu unserem Studentendasein nicht von der des sozialistischen Arbeiters zu seiner Arbeit. Nur in der Praxis haben wir unterschiedliche Funktionen. Die Rolle des Arbeiters in der täglichen Überwachung der Gesellschaftsmaschinerie ist wichtiger als die des Studenten. Im engeren Sinne haben diese zwei Gruppen nicht mehr gemeinsame Interessen als alle möglichen anderen Gruppen der Gesellschaft. Eine Erkenntnis der tatsächlichen Situation des Arbeiters und des Studenten wird aber eine offensichtliche Interessengemeinschaft enthüllen.

Die Feststellung gleicher Interessen kann gefördert werden, wenn wir nicht nur unsere vorgegebenen Rollen ausfüllen, sondern versuchen, sie zu durchschauen und sie als Teil der gesamtgesellschaftlichen Prozesse zu kritisieren (die Rolle als Rädchen in der Maschine verstehen und nicht nur Rädchen sein). Wir müssen diese Erkenntnis als Ausgangspunkt nehmen und versuchen, diejenigen Verhältnisse zu ändern, die die Entwicklung des Menschen hemmen, anstatt zu seiner Befreiung beizutragen.

Wie schon gesagt war unser Zusammenschluß zu einer Kommune eine bewußte politische Handlung. Wir wollen auf die Gesellschaftsentwicklung Einfluß ausüben können, wir möchten Zeit und Kraft haben, um Einfluß auszuüben. Zeit und Kraft erreicht man nur, wenn man die Einzelkräfte verbindet, indem man sich in Gruppen zusammenschließt.

Die Kollektivfamilie ist (oder richtiger: kann sein) die Negation des privaten Besitzrechts. Sie steht der Gesellschaft freier und stärker gegenüber. Wir sind viele und teilen sowohl die materiellen Dinge als auch die Probleme. Wir sind nicht auf beschränkte Problemlösungen angewiesen.

Bei einer Betrachtung des Wohnens in einer Kommune sind zwei wesentliche Aspekte zu beachten: ein politisch nach außen gerichteter, der die kollektive Lebensform als Teil eines Kampfes für eine Veränderung der Gesellschaft ansieht, und ein ebenso politisch nach innen gerichteter. Um in der Außenwelt politisch erfolgreich zu sein, ist es Voraussetzung, politisch bewußt zu leben. Die Kommune hat in jeder Beziehung größere Möglichkeiten zur Entfaltung als die Kleinfamilie. Die letztere befindet sich von vornherein fast immer in der Defensive, während die Kollektivfamilie genügend Spielraum hat, um offensiv zu wirken.

Die Kollektivfamilie kann intern in gewissem Maß das individuelle Besitzrecht aufheben, das normalerweise das Verhältnis unter Menschen in unserer Gesellschaft bestimmt. Dadurch ist eine schlagkräftigere politische Opposition möglich. Die Isolation der Kleinfamilie und Atomisierung des einzelnen in der Gesellschaft wird teilweise aufgehoben, und so werden neue Energiequellen frei. Wir leben anders, als es den gültigen Gesellschaftsnormen entspricht, und nicht in einer Zwei-Zimmer-Wohnung, die als Aggressionsraum funktioniert, in dem der Arbeiter seine erworbenen, von der Arbeitswelt bedingten Frustrationen abreagieren kann.

Obwohl eine größere Gruppe die Möglichkeiten besitzt, etwas zu ändern, heißt das aber noch nicht, daß sie diese Möglichkeiten auch ergreift. Wir sind mit den Möglichkeiten für soziales Verhalten und Kollektivität geboren, aber wir haben die Erziehungsmaschinerie der Gesellschaft durchgemacht, deren Hauptprinzipien der Wettbewerb und das private Besitzrecht sind. Es versteht sich von selbst, daß es schwierig ist, sich plötzlich demokratisch zu verhalten und nicht mehr zwischen «Mein» und «Dein» zu unterscheiden. Es wird aber von Tag zu Tag leichter. Es gibt Lebensformen, die einen Panzer aus Verteidigungsmechanismen nicht nötig machen: Die Kommune ist eine davon.

Und was wird aus der Individualität? Sie wird nicht aufgegeben, sondern kann sich fruchtbarer entfalten, denn sie muß immer auf die Gruppe, in der sie sich verwirklicht, Bezug nehmen, und allein so läßt sich egoistischer Individualismus verhindern. Die Kommune ist jedoch keine Enklave in der Gesellschaft und kann daher auch nicht unabhängig von der sie umgebenden Gesellschaft funktionieren. Viele Dinge müssen verändert werden. Zum Beispiel der Karrierezwang, der durch die Kampfbereitschaft des Einsamen bedingt ist. Er unterliegt der Notwendigkeit, sich selbst so gut wie möglich abzusichern, das heißt, sich andere Bedingungen zu verschaffen als die der anderen. Diese Konsolidierung kann auch mit Erfolg auf Gruppenbasis vorgenommen werden. Ein Großteil des Arbeitsgewinns entsteht ja gerade aus den Arbeitsbedingungen. Mit der Aufgabe des Zwangs, eine Karriere machen zu müssen, werden eine ganze Reihe von Werten fallengelassen oder umgepolt.

Das soziale Verhalten wird zum beherrschenden Faktor und die Individualität mehrerer zur treibenden Kraft.

Uns genügt aber nicht die Existenz in einer Kommune. Darüber hinaus unterstellen wir uns der Aufgabe, die tatsächlichen Interessenwidersprüche in der Gesellschaft zu entlarven, jene Widersprüche, die im täglichen Leben in einem Dunstschleier verschwinden. Und dies tun wir besonders jetzt, wo Begriffe wie «Fortschritt», «Demokratie am Arbeitsplatz» und «Mitbestimmung» von den Institutionen, die Macht ausüben, aufgegriffen und nach Gesichtspunkten der Produktionsförderung und Ungefährlichkeit für die Position der Machthaber «verteilt» werden.

Carsten Vengsgård, Vibeke Sperling,
Eskild Due, Erik Staerfeldt, Vibeke
Gøtzsche, Niels Ole Finnemann Nielsen

Vom Geld ist die Rede, von wem noch?

Selbst große Menschen . . .

. . . haben arme Verwandte, schrieb er und nannte das «eine traurige Wahrheit». Die bissige Bemerkung ist zu verstehen, denn die familiären Verhältnisse dieses Mannes, im Elternhaus wie im eigenen Heim, waren nicht gerade von der Art, wie der Philosoph Santayana die Familie sieht: Meisterwerke der Natur. Der Vater, ein kleiner Angestellter, mußte laufend die Wohnung wechseln, um vor seinen Gläubigern zu fliehen. Irgendwann landete er dann doch im Schuldturm. Kein Wunder, daß der Junge kaum eine Schulbildung hatte. Früh mußte er sein Geld selber verdienen. Zuerst etikettierte er Schuhwichsebüchsen, wurde dann Zeitungsreporter, schließlich Parlaments-Reporter. Er schrieb nun Kurzgeschichten für ein Monatsmagazin, unter dem Pseudonym «Boz». Er wurde rasch bekannt und erhielt den Auftrag, zu einer Bilderserie des Satirikers Seymour den Randtext zu schreiben. Der als nebensächlich betrachtete Text in dieser Fortsetzungsgeschichte eines Clubs von Amateur-Jägern wurde bald zur Hauptsache! Der Herausgeber zahlte seinem «Boz»-Autor freiwillig ein höheres Honorar – der revanchierte sich, indem er eine der Töchter des Verlegers heiratete, die falsche freilich, wie sich später herausstellte – er verstand sich besser mit einer Schwester seiner Frau.

Auch die folgenden Werke des nun schon populären Autors erschienen nicht gleich in Buchform, sondern zunächst als Fortsetzungsromane. Er konnte es sich leisten, ein komfortables Haus einzurichten und zeitweise im Ausland zu leben, in Genua und Lausanne. Amerika bereiste er auf Vortragsreisen als talentierter Interpret seiner eigenen Werke. Das Schau-Spielen hatte ihm ohnehin von jeher Freude gemacht: Er besaß eine Zauberausrüstung und trat unter dem Namen Rhia Rhama Rhoos auch öffentlich auf. Seine Frau und eine seiner Töchter konnte er durch Hypnose in Tiefschlaf versenken, geliehene Münzen vermochte er in einem Glas zu einem Antwort-Klappern auf Fragen zu bewegen.

Der Dichter starb unerwartet, erst 58 Jahre alt – er kippte beim Essen vom Stuhl und war tot, im Jahre 1870. Von wem war die Rede?

(Alphabetische Lösung: 4–9–3–11–5–14–19)

Das dänische Kommunebuch

Herausgegeben von
Flemming Andersen, Ole Stig Andersen,
Anne van Deurs

Interview mit der Kana-Kommune

Etwa vierzig Kilometer von Kopenhagen befindet sich eine Kommune, die in einem dreiflügeligen Gebäude von der Größe eine mittleren Landwirtschaftsbetriebes wohnt. Alle Flügel waren schon viele Jahre bewohnt, weil das Haus früher als Pflegeheim diente. Das Haus ist von einem großen Garten mit Rasen und vielen Obstbäumen umgeben.

Die Gruppe zog im Laufe der Monate Mai und Juni 1969 ein. Sie zählt vierzehn Erwachsene und vier Kinder.

Die Älteste ist Inese (31). Sie ist Freizeitpädagogin und Mutter zweier Kinder: Nis (8), der die dritte Klasse besucht, und Aja (6). Henrik (26) studiert Sozialanthropologie. Erik (21) studiert Soziologie. Peter (24) studiert Sozialanthropologie. Britta (28) studiert Geographie. Ruth (23) studiert Dänisch. Else Merete (24) studiert Psychologie, sie ist die Mutter von Maria (7), die die erste Klasse besucht. Leo (27) studiert Architektur. Kristian (28) studiert Geschichte und Geographie. Erik (28) ist Lehrer und Psychologe. Palle (27) ist Kunstmaler, er baut Spielplätze und ist der Vater von Mik (5). Tove (27) studiert slawische Philologie. Christian (24) studiert Deutsch und Russisch. Ruth (29) studiert Sozialanthropologie.

Alle, auch die Kinder, haben einen eigenen Raum. Es gibt eine Bibliothek, einen Musikraum, einen Spielraum für die Kinder, ein Speisezimmer, eine Gartenstube und einige weitere Aufenthaltsräume, außerdem eine große Küche, vier Toiletten und drei Badezimmer.

Die Gruppe entsteht

HENRIK: Der konkrete Anlaß für den Start des Projekts Kana kam im Sommer 1968, als Nina, die im Frühling 1968 politisch sehr aktiv gewesen war, plötzlich die Idee kam, daß das, worüber man schon so lange geredet hatte, nämlich eine Kommune aufzumachen, endlich in die Tat umgesetzt werden sollte. Sie schrieb deshalb eine Menge Leute an. Es waren teils Leute, die sie im Laufe des Frühjahrs kennengelernt hatte, teils alte Freunde und Bekannte. Sie teilte ihnen mit, daß man jetzt eine Kommune aufmachen wollte, und diejenigen, die sich dafür interessierten, sollten an dem und dem Tag aufmarschieren. Etwa 20 bis 25 kamen in ihre Wohnung. Wir saßen und diskutierten den ganzen Abend und einigten uns, eine Woche später ein neues Treffen abzuhalten.

So ging es den ganzen Sommer über mit unendlich vielen «Kommune-Treffen», wie wir sie nannten, auf denen wir die Probleme diskutierten, welche Art von Kommune es sein sollte und was kollektiv sein sollte usw. Es gab natürlich eine längere Vorgeschichte. Ich und Tove kannten Nina und Palle, die damals beide dabei waren, schon seit drei bis vier Jahren. Wir hatten auch schon früher über Kommunen gesprochen – ich glaube, daß auch andere darüber gesprochen hatten –, und dann kam noch hinzu, daß ein Teil von denen, die bei den Kommune-Treffen dabei waren, gerade von einem Sensitivitätskurs in Schweden zurückgekehrt waren, und dadurch natürlich an kollektivem Zusammenleben interessiert waren.

Die ursprüngliche Gruppe vom letzten Sommer habe ich immer als aus mehreren Untergruppen bestehend aufgefaßt, die durch einige Einzelpersonen verbunden waren, die zu mehreren Gruppen gehörten. Ziemlich viele hatten sich erst einige Wochen oder Monate, bevor die Gruppe entstand, kennengelernt. Ein wichtiger Zweck all dieser Versammlungen war es, über die theoretische Arbeit hinaus sich gegenseitig kennenzulernen, das heißt, wir schlugen oft lange theoretische Umwege ein, die vielleicht nicht so fruchtbar waren, nur weil wir irgendwie den Zweck verfolgten, zusammen zu sein.

Die ursprünglich erste Gruppe, die zusammenkam, lichtete sich im Laufe des Sommers, neue kamen hinzu, einige stiegen wieder aus, schließlich konstituierte sich eine Kerngruppe von vierzehn bis sechzehn Leuten. Zu dem Zeitpunkt gab es auch nur ein Kind, nämlich Ninas. Dann brach des Verhältnis zwischen Nina und Palle auseinander. Und nach dem Aktivistenseminar auf Mors, an dem einige Leute der Gruppe teilnahmen, kamen wieder neue dazu, die auf Mors dabeiwaren.

Ruth: Dreizehn von den vierzehn Leuten, die jetzt hier wohnen, nahmen auch an dem Aktivistenseminar auf Mors teil. Die Gruppe begann aber erst richtig in der Zeit nach dem Seminar zu existieren. Es gab damals aber noch keine echten Anzeichen für eine Kollektivgruppe außer der Tatsache, daß wir uns theoretisch darüber unterhalten hatten. Die Leute aus der Sensitivitätsgruppe dagegen waren ziemlich eng miteinander verbunden, sie waren aber nicht imstande, alles so zu übersehen, daß sie die gesamte Gruppe mit einbeziehen konnten. Erst im Laufe des Herbstes, als wir kein Haus finden konnten, hatten auch die «Randpersonen» die Möglichkeit, richtig einzusteigen – und das war ein wichtiger Grund dafür, daß nach den ersten Diskussionen fast ein Jahr verstrich, bis wir hierherzogen. Für viele von uns war diese Zeit wichtig, uns überhaupt erst kennenzulernen. Ich kann mir nicht vorstellen, daß es anders zu machen wäre. Ich glaube, es war überaus günstig, daß es fast ein Jahr dauerte, bis wir hierherkamen, weil seit dem letzten Herbst bis zum Frühjahr so enorm viel in der Gruppe passiert ist. Ich weiß zwar, daß viele Leute meinen, man bräuchte nur eine Gruppe zu finden und sich dann zusammenzutun, aber das haben wir eben nicht getan.

Henrik: Jetzt meint Ruth, daß es sehr gut war zu warten, weil die Gruppe noch nicht fest genug zusammengeschweißt war. Ich glaube allerdings, daß einer der wesentlichen Gründe, warum es so lange dauerte, bis wir ein Haus fanden, einfach der war, daß man sich lange Zeit kaum anstrengte, ein Haus zu finden, weil man es noch nicht wagte.

RUTH: Ja, wir hatten ganz sicher Angst. Wir hatten nicht so sehr Angst davor, ein großes Haus zu kaufen, sondern davor, daß es nicht klappen würde, und dabei war wohl ein Hauptgrund, daß viele Leute sich erst kurze Zeit kannten. Zusammengebracht wurden wir hauptsächlich durch die sogenannten Studentenunruhen im Frühjahr 1968. Der Kreis um Nina, die mit der Kommune-Diskussion anfing, bildete sich ja eben im Laufe der Studentenaktivitäten – und die vom Schwedenkurs kamen ausschließlich wegen ihrer Teilnahme an den Studentenunruhen dazu. Daran liegt es wohl auch, daß so viele verschiedene Fachgruppen vertreten waren, die sich zuerst bei den Riesenversammlungen trafen, die nach der Besetzung des Instituts durch die Psychologen [1] stattfanden. Von dem Schwedenkurs kamen sieben Leute, die alle von dem Kommune-Gedanken sehr eingenommen waren. Es gab bei uns sozusagen zwei parallel laufende Gruppen. Nina und einige andere saßen in der Krystalgade und diskutierten die Kommune-Idee; dann kamen die anderen von Schweden nach Hause, und jetzt sollte endlich etwas passieren. Und schließlich trafen sich die beiden Gruppen in einigen Versammlungen wieder. Sie kannten sich vorher aber auch schon etwas, glaube ich.

ELSE MERETE: Ich kam nach Mors dazu. Ich hatte schon lange in eine Kommune einsteigen wollen, hatte aber keine Lust, in einer Kommune anzufangen, in der es außer meinem kein anderes Kind gab. Dann kam aber Palle mit Mik. Er war zwar nicht so alt wie Maria, jedenfalls gab es aber ein Kind, mit dem Maria spielen konnte. Das war für mich der entscheidende Grund. Eigentlich kannte ich aber nur die Leute von Mors her. Anfangs war ich sehr begeistert, aber im Laufe des ersten Jahres schwankte ich ziemlich, weil ich noch gar nicht wußte, ob ich mich dieser Gruppe anschließen sollte. Ich befand mich während der ganzen Zeit, in der geplant wurde, ziemlich am Rande des Geschehens, und ich finde selbst, daß ich erst richtig zur Gruppe gehöre, seitdem wir hierhergekommen sind.

RUTH: Im Herbst und Winter 1968 hielten wir einige Kommune-Treffen ab, etwa einmal in der Woche, auf denen wir versuchten, die ganze Gruppe zu sammeln. Gleichzeitig gab es aber eine Menge Leute, die durch die Studentenpolitik zusammenkamen und so mehr miteinander zu tun hatten als mit Else Merete, die nur bei den Kommune-Treffen dabei war. Deswegen ist es klar, daß die Bekanntschaft zwischen einigen Leuten schnell fester wurde, einfach aus dem Grund, daß einige sich länger und besser kannten als andere.

1 Besetzung des Psychologischen Instituts der Universität Kopenhagen zu Beginn der «Studentenunruhen» im Frühjahr 1968. (Anm. d. Hg.)

ELSE MERETE: Im Laufe des Frühjahrs tauchten eine Menge Konflikte auf, weil die Gruppe jetzt schon so lange existierte. Vor allem gab es Probleme mit den Kindern, denn es waren zwei Kinder hinzugekommen, so daß wir von Januar an vier Kinder hatten. Wir versuchten anfangs in einer für die Gruppe zu kleinen Wohnung unter sehr schwierigen Verhältnissen die Konflikte zu lösen. Zu einem gewissen Zeitpunkt wäre die Gruppe beinahe auseinandergefallen. Hätten wir zu dem Zeitpunkt nicht endlich das Haus bekommen, ich glaube sicher, daß sich die Gruppe aufgelöst hätte, wir waren einfach zu viele geworden. Was für eine Kommune wollten wir überhaupt haben? Sollte es eine kleine und integrierte Gruppe von acht bis zehn Personen sein, oder sollte es eine große Gruppe sein, die viel schwieriger zu integrieren ist?

RUTH: Die Tatsache, daß die Gruppe beinahe auseinandergefallen wäre, resultierte einfach daraus, daß wir verzweifelt waren und kein Haus finden konnten, das groß genug für alle war. Zu dem Zeitpunkt waren wir etwa zwanzig Personen, und wir hatten in Kopenhagen kein Haus finden können. Wir hatten uns vorgenommen, möglichst in der Nähe der Stadt zu bleiben. Aus der Frage, ob wir die Gruppe aufteilen sollten, entstanden enorme Probleme. Gleichzeitig sagten einige unserer Psychologen, daß Gruppen von zwanzig Menschen einfach nicht zu organisieren seien. Es war schon schwierig genug, die Zusammenkünfte aller zwanzig Leute abzuhalten. Dies trug ja auch zu dieser Spaltungstendenz bei, die aber überhaupt nichts damit zu tun hatte, daß einige Leute sauer wurden und sagten, daß sie den und den auf keinen Fall dabeihaben wollten. Es war tatsächlich nur Verzweiflung wegen des Hauses. Das erste Haus, das wir fanden, und das auch groß genug war, war das Haus, in dem wir jetzt wohnen.

HENRIK: Die Probleme mit dem Haus wurden erst im Frühjahr 1969 akut. Damals fingen wir erst richtig an, auf einer für die Gruppe günstigen Basis ein Haus zu suchen. Wir teilten uns einfach die Hausmakler im Telefonbuch nach dem Alphabet auf und fingen an, sie der Reihe nach anzurufen, und im Laufe von vier Tagen hatten wir unser Haus. Die sehr großen Häuser werden nämlich selten in den Zeitungen angeboten, meistens haben nur die Hausmakler diese Angebote, und man muß selbst aktiv werden und nachfragen. Damit hatten wir also unser Haus und konnten mit dem Makler über den Kauf des Hauses verhandeln, zu einem Zeitpunkt, wo es der Gruppe als solche doch ganz gut ging. Jetzt hast du gesagt, wenn wir zu diesem Zeitpunkt kein Haus gehabt hätten, hätte die Gruppe sich aufgelöst. Wir hatten aber das Haus; das, worüber wir uns nicht einigen konnten, war der Preis, und man muß natürlich einige sehr lange Poker-Face-Verhandlungen führen, bevor man zu einem richtigen Preis kommt. Das heißt, man soll kein Angebot machen, sondern ruhig abwarten. Und nun passierte es, daß der Makler gerade in dem Augenblick sein Angebot machte, als es die Gruppe richtig festigen konnte. Wenn dies Angebot erst zwei oder drei Wochen später erfolgt wäre, hätte die Gruppe sich wahrscheinlich aufgelöst. Die Tatsache aber, daß plötzlich ein Angebot vorlag, bedeutete, daß wir uns sehr zusammennahmen und uns sagten: «Jetzt geht's los.»

ELSE MERETE: Zu diesem Zeitpunkt hatte ich mich eigentlich entschlossen, mich von der Gruppe zurückzuziehen. Das hätte aber zu der Konsequenz geführt, daß die anderen Mitglieder mit Kindern auch gegangen wären, und damit wäre der Grund, weshalb wir überhaupt aufs Land ziehen sollten, weggefallen. Mir wurde klar, daß ich die ganze Sache für die anderen zerstören würde. Außerdem hatte ich keine Lust mehr, mit Maria allein in einer Zweizimmerwohnung zu leben. Ich fühlte mich daher sehr zur Gruppe gezogen, zudem mochte ich die Leute, die hier waren. Zunächst hätte ich aber immer noch eine Gruppe von acht bis zehn Leuten vorgezogen, die sich wirklich integrieren ließe, und die sich auch mehr auf die Kinder konzentrieren konnte, auch mehr als es tatsächlich hier der Fall ist, weil ich selbst ein Kind habe. Als ich hierherzog, war meine Haltung in der Frage, welche Kommune wir nun haben wollten, viel offener. Es konnte nicht das werden, was ich mir zuerst vorgestellt hatte, aber ich erwartete, daß wir das Problem schon lösen würden.

RUTH: Im Januar kam Inese, die zwei Kinder hatte, dazu. Das geschah vorwiegend auf die Initiative von Palle und Else Merete hin, die beide ja Kinder haben. Dies führte aber dazu, daß einer sich aus der Gruppe zurückzog, unter anderem weil die Kinder zu einer Konfliktsituation führten. Als ich die vier Kinder in der kleinen Wohnung erlebte, graute mir schon vor dem Gedanken, was passieren würde, wenn wir mit den vier Kindern zusammenziehen würden. Das Problem der Kinder stellte sich für mich erst, als wir mit den Kindern in der Wohnung zusammen waren. Ich konnte gar nicht übersehen, was das bedeuten würde, sie zu erziehen, und anfangs schreckte ich auch wegen der Kinder davor zurück, hierherzuziehen.

Warum Kommune?

HENRIK: Was unsere Zielsetzungen betrifft, gab es zwei Linien. Sollte die Gruppe primär eine politische Aktionsgruppe sein, in der einige Aktivisten zusammen lebten und dadurch mehr Möglichkeiten für politische Aktionen bekämen? Das war der eine Flügel, der aus Finn Ejnar[1] bestand, und ganz einfach als Aktionseinheit funktionieren wollte. Für ihn war

1 Finn Ejnar Madsen, dänischer Studentenführer. (Anm. d. Hg.)

es weniger wichtig, daß die Gruppe vielleicht nur eine Lebensform war, eine Alternative zu den bestehenden Lebensstrukturen, Wohnstrukturen usw. Dann gab es den anderen Flügel in der Gruppe, der ganz einfach meinte, das Wesentliche bestünde darin, neue Formen des Wohnens und neue Möglichkeiten des Zusammenseins auszuprobieren, mit Paarstrukturen zu experimentieren, mit den Geschlechterrollen und mit der Sexualität. Die Auseinandersetzung führte dazu, daß die Gruppe, die das Wichtigste darin sah, zusammen zu leben, eben eine Kommune aufzumachen und sie auf die Probe zu stellen, diejenigen besiegte, die die Kommune nur als Mittel zur politischen Arbeit betrachteten. Daraufhin stieg Finn Ejnar aus.

RUTH: Man muß hinzufügen, daß die Gruppe, die vor allem ein Zuhause haben wollte, wenn man es so ausdrücken will, gleichzeitig auch die Möglichkeit sah, aus den verschiedenen Studienrichtungen der einzelnen heraus das politische Interesse zu beleben und so ein Zuhause zu bekommen, das nicht in der einen Idylle ertrank, sondern das auch fachliche und politische Zielsetzungen hatte.

HENRIK: Hinter dem Wunsch, eine Kommune aufzumachen, stecken teilweise auch persönliche Frustrationen aus der Ehe. Ein Teil der Leute kam aus geschiedenen Ehen und meinte, aus persönlichen Erfahrungen die Folgerung ziehen zu können, daß die Ehe als solche Scheiße wäre. Das heißt, sie brauchten das Zusammenleben mit einigen Menschen, wollten aber nicht in einer Ehe zusammen leben. Sie wollten auch nicht allein wohnen und nur Freunde in der Umgebung besuchen, sondern permanent mit einigen Menschen zusammen leben und nicht nur mit einer Person. Das war, glaube ich, eines der elementaren Bedürfnisse. Darüber hinaus gibt es eine Menge Ideologien. Man hat vielleicht über Kommunen gelesen und hat nun Lust, selbst eine aufzumachen. Ich selbst habe mich hauptsächlich theoretisch mit Kommunen beschäftigt, weil ich aus meinen Erfahrungen mit der Gesellschaft die Kommune für die beste Lösung halte. Sie ist eine Alternative zur Kleinfamilie, in der eine Menge Probleme der umgebenden Gesellschaft, der Großstadt, der industriellen Expansion usw. gelöst werden können.

Als ich zur Gruppe stieß, war ich eigentlich durch das Leben, das ich führte, nicht sonderlich frustriert. Ich wollte aber gerne dabei sein, wenn etwas Neues ausprobiert wurde.

ELSE MERETE: Einer meiner Gründe, hier mitzumachen, war, daß ich es für Maria und mich für besser hielt, mit mehreren anderen zusammen zu leben, weil man leicht isoliert wird, wenn man allein mit einem Kind in einer Zweizimmerwohnung lebt, und das Kind nicht überallhin mitschleppen will.

HENRIK: Was mich betrifft, ich habe viel über die Isolationsprobleme in der modernen Großstadt nachgedacht; auch darüber, was eigentlich die

Ursache dafür ist, daß die Werbung so eine ungeheure Macht besitzt, und weshalb die Arbeiter nicht politisch aktiv sind, und was es eigentlich bedeutet, daß Arbeitsplatz und Wohnung getrennt sind und daß durch diese Trennung der soziale Zusammenhang, der am Arbeitsplatz besteht, mit dem Arbeitsschluß aufgelöst wird. Die Leute können nicht politisch aktiv werden, weil die soziale und ökonomische Gruppe, der sie angehören, dann auch aufgelöst ist . . . Was ist das eigentlich für eine atomisierte Stadt, die man den Leuten zum «Bewohnen» anbietet, und woher sollen die Leute die Widerstandskraft haben, um ihre eigenen Werte und Normen von der Basis her zu bilden? Lassen sich ihre Interessen überhaupt mit dem vereinbaren, was ihnen von oben eingeimpft wird? Soziologische Betrachtungen wie diese führten zu meiner Überzeugung, daß es darum geht, für die Leute starke Primärgruppen zu bilden. Gruppen, die stärker sind, als sie es jemals in einem winzigkleinen Freundeskreis oder in einer kleinen Familie werden könnten. Wie sollte man eine Primärgruppe etablieren, die stark genug ist, um zu einer Bezugsgruppe zu werden? Zu einer Gruppe, die zur Meinungsbildung beitragen kann und zu der man in gewisser Beziehung ein «Feed-back»-Verhältnis bekommen kann? Man muß sich seine eigene kleine Gruppe mit einer Gruppenideologie aufbauen, und die Gruppe muß einem da helfen, wo man ohne sie unterlegen sein würde.

Das Haus

Henrik: Wir übernahmen das Haus am 15. Mai 1969. Im Laufe der nächsten vierzehn Tage richteten sich die ersten ein. Einige waren schon am 10. Mai hergezogen, andere wiederum kamen um den 1. Juni herum angetrudelt; der Rest tauchte sogar erst im Laufe des Juni auf, je nachdem, wie sie ihre verschiedenen Angelegenheiten in der Stadt abwickeln konnten. Es gab eine Menge rein praktischer Dinge zu tun, wie Umbauten und Instandsetzungen des Hauses, um die Räume für unsere Bedürfnisse herzurichten. Wir mußten deshalb ziemlich viel Geld für Farbe und anderes Material ausgeben. Wir haben einige Trennwände versetzt, und dabei war es ein großer Vorteil, daß Leo dabei war, der gelernter Maurer ist, und weiß, wie so etwas zu bewerkstelligen ist. Dann haben wir einige ganz neue Räume gebaut, was auch ziemlich viel Zeit in Anspruch nahm. Der Zeitraum vom 15. Mai bis etwa Mitte Juli verstrich also damit, das Haus einzurichten. Dann hatten wir kein Geld mehr, Lust und Initiative ließen so langsam nach.

Zu diesem Zeitpunkt stoppten wir auch den Einkauf neuer Materialien, weil das Investitionskonto erschöpft war. Das bedeutete, wenn wir etwas machen wollten, wozu kein Material da war, mußten wir die

Sache eben aufgeben. Von da an machten wir mit dem vorher eingekauften Vorrat an Farbe, Nägeln und Schrauben weiter. Damit verstrich die erste, lange Zeit. Gleichzeitig ging es uns aber wahnsinnig gut, weil der Sommer so phantastisch und der Garten so schön war, bevor er durch die Dürre vertrocknete. Es war alles eben sehr gemütlich. Wir hatten ein riesiges Johannisfest mit 150 Leuten. Wir waren durch eine enorme Begeisterung und Optimismus geprägt. An und für sich gab es auch eine Menge Probleme, die waren aber anderer Art, als die, die später gekommen sind.

Else Merete: Findest du? Vielleicht denkst nur du so.

Ruth: Das war damals eher eine Art Ferienzeit. Diejenigen, die Lust hatten zu malen, malten eben usw. Jetzt sind wir aber gezwungen, alle Angelegenheiten zu systematisieren.

Henrik: Der große Vorteil an unserem Haus ist der, daß alle wichtigeren Installationen schon vorhanden waren, wie zum Beispiel die Badezimmer. Es ist wahnsinnig teuer, Badezimmer und Toiletten neu einzurichten. Auch eine neue große Küche kostet wahnsinnig viel Geld. Für Kommunen von einer bestimmten Größe an ist es bestimmt vorteilhaft, Heime wie das unsrige zu übernehmen.

Es gibt sicherlich eine ganze Reihe ähnlicher kleiner Heime, ehemalige kleine Kinderheime, Pflegeheime oder ähnliches, die im Laufe von einigen Jahren möglicherweise zu Kommunen werden könnten, wenn man sich Großkommunen als Ziel setzt.

Wirtschaften

Else Merete: Als wir das Haus kauften, hat jeder von uns 8000 Kronen (ca. 4000 DM) beigesteuert. Damit hatten wir 112 000 Kronen, von denen 90 000 für die Anzahlung weggingen. Dann kamen Urkundengebühren und die Kosten für einen Rechtsanwalt, außerdem hatten wir noch Geld für Farbe und für die Anzahlung des Kommune-Autos, der Tiefkühltruhe und der Waschmaschine. Das hatten wir von vornherein eingeplant.

Ruth: Wir hatten berechnet, wieviel Geld wir alle zusammen aufbringen mußten, das waren 112 000 Kronen. Als wir es dann hinterher aufteilten, kamen 8000 pro Person heraus, aber alle konnten die 8000 nicht bezahlen, deshalb bezahlten alle Mitglieder so viel, wie sie zu dem Zeitpunkt konnten. Jetzt gibt es noch einige finanzielle Schuldfragen, die im Laufe dieses Jahres privat zwischen den einzelnen Leuten geregelt werden sollen. Einige haben damit schon angefangen, und vorläufig geht das ohne Schwierigkeiten. Etwas anderes ist es, daß einige der Leute, die auf diese Weise Geld zurückbekommen, es wieder in die Kommune hineinstecken wollen; wie das zurückgezahlt werden soll, werden wir später erörtern.

HENRIK: Die meisten Einlagen betragen etwa 6000 bis 8000 Kronen. Einer hat 2000, einer hat 3000, einer 4000 und einer 40 000 Kronen eingezahlt. Wir haben unter uns die moralisch bindende Abmachung getroffen, daß jemand, der die Kommune verläßt, seine Einlage innerhalb von neun Monaten zurückbekommt. Zieht ein neuer ein, muß er innerhalb von sechs Monaten bezahlen. Jemand der wegzieht hat immer eine dreimonatige Kündigungsfrist; das heißt wenn ich heute ausziehen wollte, müßte ich für die nächsten drei Monate immer noch meine Abzahlungsrate für das Haus bezahlen. Sonst könnte ich jetzt kündigen und dann in drei Monaten ausziehen. Kündigt man nicht so, wie wir es abgemacht haben, und bezahlt man nicht die Beiträge für die drei Monate, entfällt auch das Anrecht, seine Einlage innerhalb von neun Monaten zurückzubekommen. Die Einlagen gibt es nur zu den Terminen zurück, die die Kommune nach ihren dann herrschenden ökonomischen Verhältnissen festsetzt. Zudem gibt es noch eine weitere Klausel: Wenn innerhalb eines Halbjahres so viele Mitglieder die Kommune verlassen, daß es für die Kommune eine ökonomische Belastung darstellt, entfällt die Regel mit den neun Monaten. Dann wird jeweils mit dem einzelnen eine Abmachung getroffen.

ELSE MERETE: Diese Regeln haben wir aufgestellt, weil wir die Existenz der Kommune als Institution als wichtigstes Ziel ansehen. Die Institution als solche wird länger bestehen bleiben als die zufällige Gruppe, die jetzt hier wohnt.

RUTH: Auch weil wir sonst aus ökonomischen Gründen gezwungen wären, am gleichen Tag ein neues Mitglied aufzunehmen, an dem ein altes auszieht. Das hätte einen großen Druck auf die wichtige Entscheidung ausgeübt, ob wir jemanden neu aufnehmen wollen. Jetzt haben wir jedenfalls drei Monate Zeit zum Überlegen. Und falls es uns wirtschaftlich möglich erscheint, brauchen wir, wenn die Gruppe zu groß zu werden droht, keine neuen Mitglieder mehr aufzunehmen.

HENRIK: Wenn der erste Zeitraum, der zur Festigung der Kommune notwendig ist, verstrichen sein wird, haben wir uns das Ziel gesetzt, daß die Beiträge, die auf ein Sperrkonto eingezahlt werden, höher werden, als für den Haushalt notwendig ist und daß dadurch ein Reservekapital angehäuft wird, wodurch wir umgehen können, aus wirtschaftlichen Gründen neue Mitglieder aufnehmen zu müssen. Gleichzeitig ergibt sich dadurch die Möglichkeit, Leute mit Gaststatus für kürzere Zeit aufzunehmen, die dann keine Mitglieder der Kommune im eigentlichen Sinne sind, sondern die nur einen Monat hier wohnen und genausoviel bezahlen wie wir anderen auch.

Wir haben ein Gästezimmer, und wenn jemand kommt und länger

wohnen bleibt, zum Beispiel ein Mädchen, das ihren Freund hier in der Kommune besucht, führt das sehr schnell dazu, daß sie regelmäßig bezahlen muß, sowohl für die Miete als auch für die Verpflegung. Zur Zeit bezahlen wir alle monatlich 200 Kronen auf ein Sperrkonto für das Haus. Auf einem anderen Konto zahlen wir monatlich 250 für Verpflegung, Seife, Telefon, Strom, Zeitungen, Heizungskosten usw. ein.

RUTH: Der Beitrag des einzelnen wird aber insgesamt auf etwa 500 Kronen erhöht werden müssen. Das hängt damit zusammen, daß die Kosten für die Heizung sehr hoch sind, weil wir auf das Haus einen Kredit von 12 000 Kronen für die Installation einer Ölheizung aufgenommen haben. Deshalb betragen die Kosten für die Heizung monatlich schon 60 Kronen. Die Firma Shell wollte uns den Kredit nicht geben, wie sie es sonst bei der Installation von Ölheizungen tut; daher mußten wir den Kredit bei einer Bank aufnehmen.

HENRIK: Außerdem bezahlt jeder den lächerlich kleinen Betrag von 25 Kronen pro Monat für Instandhaltung.

RUTH: Du brauchst nicht «lächerlich klein» zu sagen. Der Grund dafür, daß es nicht mehr ist, liegt daran, daß es schwierig ist, die Kasse auszugleichen. Außerdem zahlen wir alle monatlich 150 Kronen an die Kollektivkasse für Transportkosten, also Raten für das Auto, Steuern, Versicherung und Benzin. Ausgaben für Bahnfahrten werden von der Transportkostenkasse ersetzt.

FRAGE: Welche Bedeutung hat es, größere Mengen auf einmal einzukaufen?

HENRIK: In diesem Zusammenhang spielt es wohl keine größere Rolle, ob man 5 Prozent mehr oder weniger bezahlt. Man kann aber damit rechnen, daß man bei der Firma «Dansk Fryseindustrie» etwa 25 bis 30 Prozent einsparen kann, wenn es die gleiche Qualität und das gleiche Fleisch ist. Und bei «Storkøb» in Sorgenfri kann man, so weit ich weiß, 15 bis 20 Prozent einsparen.

Was unsere Gäste betrifft, haben wir die Regelung, daß sie pro Tag 7 Kronen bezahlen, und wenn sie nur Abendbrot und Mittag essen 3,50. Tatsächlich stellt sich aber das Problem, daß es uns schwerfällt, das den Leuten zu sagen. Wir haben deswegen an unserem schwarzen Brett einen riesengroßen Zettel angesteckt, und einige Gäste kommen auch selbst und fragen, wo sie das Geld abgeben können, andere dagegen tun es nicht. Eine Zeitlang haben einige von uns es den Gästen gesagt, andere wiederum mochten es nicht tun und haben es dann nicht gemacht. Die meisten mögen es jedenfalls nicht sagen, und deswegen bleibt es dem Zufall überlassen, was wir von den Gästen an Geld bekommen.

ELSE MERETE: Die meisten mögen es nicht sagen? Dann muß ich daran denken, daß ich selbst manchmal monatelang nicht im Haus war und den vollen Betrag bezahlt habe. Dann denke ich eben, na ja, die Gäste, das müßte sich doch mit dem anderen verrechnen lassen können.

HENRIK: Psychologisch gesehen ist das natürlich richtig, daß du es so auffaßt. Ganz formal gesehen haben wir aber beschlossen, daß wir nichts zurückgezahlt bekommen, wenn wir mal nicht hier sind, eben weil dann ein anderer da ist, der die ganze Zeit hiergewesen ist. In dem niedrigen Betrag, den wir zahlen, ist eben einkalkuliert, daß manchmal nicht alle im Haus sind.

Es ist aber richtig, daß wir früher unsere Gäste nicht gebeten haben, zu bezahlen. Man hat seine Freunde mit hierhergenommen und dann haben sie eben mit uns gegessen. Das, was in den Kommunen in dieser Beziehung geschieht – ausgenommen die Kommunen besuchen sich gegenseitig –, ist eben, daß die Mitglieder der Kommune als Einzelpersonen bei Bekannten natürlich nichts bezahlen, wenn sie bei ihnen zu Gast sind. Wenn diese Bekannten dagegen ihre Freunde in der Kommune besuchen, müssen sie bezahlen, weil wir hier alles zusammen bezahlen. Persönlich finde ich das unangenehm, und daran liegt es auch, das man sich scheut, seine Freunde um Geld zu bitten, weil man bei ihnen nichts bezahlt.

FRAGE: Wie kontrolliert ihr den Haushalt?

RUTH: Wir hatten bis zum 1. Oktober einen Rechnungsführer.

HENRIK: Das war ich.

RUTH: Das Haushaltsgeld, das Investitionsgeld und die Abzahlung für das Haus werden jeweils auf ein Konto eingezahlt. Ich habe die Transportkostenkasse übernommen. Jetzt haben wir drei Rechnungsführer, die die drei erstgenannten Konten übernommen haben. Zunächst, weil es Henrik zu sehr belastete, und dann, weil wir auch für die Zukunft Haushaltspläne aufstellen wollen.

Gemeinsames Wirtschaften

ELSE MERETE: In Verbindung mit der Transportkostenkasse haben wir auch über gemeinsames Wirtschaften gesprochen. Zuerst haben wir zum Beispiel aufgeschrieben, wohin und wie lange jemand telefoniert hat. Das ließ sich aber bald nicht mehr durchführen, und jetzt ist das Telefon «sozialisiert» worden. Als Übergangslösung zum gemeinsamen Wirtschaften haben wir auch die Möglichkeit diskutiert, von jedem einen Grundbetrag von zum Beispiel 300 Kronen einzuziehen und darüber hinaus eine Art progressive Besteuerung je nach dem Einkommen der einzelnen Mitglieder einzuführen. Meint ihr nicht auch, daß das gemeinsame Wirtschaften allmählich verhältnismäßig realistisch ist? Daß es innerhalb des Möglichen liegt?

RUTH: Tja, ich weiß nicht recht; ich verbinde damit eine riesige buchhalterische Arbeit. Es müßten große Haushaltspläne aufgestellt werden...

HENRIK: Es kann die ganze Sache nur vereinfachen, wenn man sein Geld einzahlt und sich nimmt, was man braucht, ohne daß deswegen eine riesig komplizierte Buchhaltung eingeführt zu werden braucht. Wenn es zu einer Erleichterung führen soll, und das wollen wir ja erreichen, könnte man aufschreiben, was der einzelne einzahlt, damit man über einen längeren Zeitraum sehen kann, ob es eine gewisse Gleichmäßigkeit gibt – wenn man schon diese Gleichmäßigkeit als Ziel ansieht.

ELSE MERETE: Das würde auch viel mehr bedeuten als nur eine wirtschaftliche Erleichterung. Jemand, der wie Inese den ganzen Tag lang arbeitet, könnte zum Beispiel seinen Arbeitstag verkürzen und sich mehr in der Kommune beteiligen.

HENRIK: Ja, das wäre wichtig. Einige meiner wichtigsten Überlegungen in dieser Richtung laufen darauf hinaus: Wo ist das schon versucht worden, und wie ist es verlaufen? Außerdem kommt natürlich hinzu: Was waren das für Leute, die das versucht haben, und was sind wir für Leute? Gibt es da Unterschiede? Und wird es zu dem, was wir machen, Unterschiede geben?

Es gibt Dinge, die wir hier bei uns nur zu gut kennen, wie die unterschiedlichen Wertigkeiten, die den verschiedenen Aktivitäten zugeschrieben werden, und das ist gefährlich. Die Hausarbeit zum Beispiel ist hier als selbständige Beschäftigung wenig angesehen. Das führt dann dazu, daß es Leute gibt, die speziell diese Sachen machen, weil sie auch nicht so viel dagegen haben, obwohl Hausarbeit nicht so «wertvoll» wie alles mögliche andere ist.

Etwas, was mich früher und jetzt immer noch sehr beschäftigt, obwohl es für diese Kommune nicht so aktuell ist, ist die Frage, ob wir von den gesellschaftlichen Normen abweichende Menschen in die Gruppe aufnehmen sollen, also Asoziale, Künstler, verrückte Leute oder heimliche Genies. Ich finde nicht, daß unsere Gruppe phantastisch oder exklusiv ist, das hängt aber irgendwie auch damit zusammen, daß die Gruppe nach den finanziellen Möglichkeiten der Mitglieder zusammengestellt wurde. Der wichtigste Zweck einer Kommune wäre meiner Meinung nach eine Vielzahl menschlicher Möglichkeiten. Wenn ich persönlich bei uns etwas vor dem gemeinsamen Wirtschaften zurückschrecke, so liegt das ganz einfach daran, daß ich nicht zu allen Mitgliedern der Kommune genug Vertrauen habe. Mir selbst gegenüber habe ich in diesem Zusammenhang allerdings Vertrauen genug. Mein Problem besteht darin, daß ich zuviel Vertrauen zu mir selbst habe und daher voraussehen kann, daß ich ziemlich aktiv sein werde, weil ich in diesen Dingen eben so eine verdammt spießbürgerliche Natur besitze. Ich würde es nicht aushalten können, nicht mindestens den durchschnittlichen Beitrag pro Monat zu leisten, und wahrscheinlich würde es sogar mehr werden. Davor habe ich ganz einfach Angst. Ich habe eine Menge Situationen erlebt, wo ich mich verantwortungsvoller gezeigt habe als andere. Ihr könnt darüber lachen, aber es gibt eben in unserer Kommune Leute, denen gegenüber ich in diesen Dingen nicht das notwendige Vertrauen aufbringe. Und das ist der Hauptgrund, weshalb ich nicht dafür bin . . .

Else Merete: Das ist wieder diese Millimeterdemokratie. Diejenigen, die nicht in der Lage sind, finanziell beizutragen, können vielleicht andere Dinge dazugeben, nicht? Ich finde nur, daß es in uns selbst eine Menge Möglichkeiten gibt, aus denen man weitaus mehr Gewinn ziehen könnte.

Ruth: Das glaube ich auch.

Henrik: Ich spreche nur davon, was ich im Augenblick zu tun wage. Ich bin davon überzeugt, daß es möglich sein wird; ich glaube aber nicht, daß es schon in einem Monat oder in mehreren Monaten soweit sein wird.

Else Merete: Manchmal kommt es mir ganz absurd vor, daß wir noch nicht gemeinsam wirtschaften. Diese Millimeterdemokratie ist einfach lächerlich . . .

Henrik: So kommt es mir auch vor. Das Spannende am gemeinsamen Wirtschaften kann am Beispiel der Zigaretten sehr gut verdeutlicht werden. Da zeigt es sich nämlich, wohin das gemeinsame Wirtschaften möglicherweise führen kann. In den letzten Tagen habe ich mich danach erkundigt, was mit den Zigaretten geschieht. Es gibt mehrere, die mit mir einig sind, daß der gemeinsame Kauf von Zigaretten zu einem größeren Verbrauch geführt hat. Praktisch heißt das dann, wenn jemand Zigaretten hat, schnorren die anderen so lange von ihm, bis er keine mehr hat. Das wiederum führt dazu, daß die einzelnen mehr rauchen, weil in dem Augenblick, wo jemand mit einer neuen Packung dasitzt, man ihn um eine bittet, obwohl eigentlich gar kein Bedarf vorliegt.[1]

Else Merete: Das braucht aber nicht immer so zu sein.

Henrik: Ich sage nur, daß das Beispiel etwas verdeutlicht, was meiner Meinung nach nicht gerade positiv ist, eben weil unsere finanzielle Situation sehr angespannt ist und keine Konsumausweitung verträgt. Wenn dieses Problem auf andere Gebiete übertragen wird, wird der allgemeine Verbrauch so angekurbelt, daß ich nicht mehr mitmachen würde.

Ruth: Ich finde nicht, daß man das Beispiel der Zigaretten für die Verdeutlichung auf anderen Gebieten benutzen kann.

Henrik: Die Frage ist eben, ob diese Mechanismen auch auf anderen

1 Zigaretten sind in Dänemark weitaus teurer als in der BRD. (Anm. d. Hg.)

Gebieten relevant sind, und ich glaube, daß sie es sind. Nachdem wir nun in die Kommune eingezogen sind, hat eine Verbrauchsnivellierung stattgefunden, was den täglichen Verbrauch betrifft. Ich wohnte früher mit meiner Frau in einer Wohnung allein zusammen. Unser Konsum ist jetzt tatsächlich gestiegen; wir leben jetzt verschwenderischer als wir es damals taten. Es kann sein, daß es nicht mehr kostet, aber es bleibt Tatsache, daß wir verschwenderischer leben. Zum Beispiel bekommen wir jetzt täglich ein warmes Essen. Früher haben wir höchstens zweimal in der Woche warm gegessen, weil wir es nicht für nötig hielten und wir nicht sehr viel Lust hatten zu kochen. Meine Frau machte einmal die Woche warmes Essen, und ich auch. Damals gaben wir das meiste Geld für Bücher, Musik, Kino, Schallplatten, Tonbänder usw. aus. Jetzt gehen wir kaum mehr ins Kino, nur wenn wir mal einen Nachmittag in der Stadt sind.

Else Merete: Wir haben bedeutend teureres Fleisch gegessen. Ich hatte keine Lust, so viel Zeit für das Essen zu verschwenden. Ab und zu kauften wir Beefsteaks oder einen Braten. So etwas haben wir hier selten gesehen. Ganz zu Anfang fand ich, daß das Essen hier zu schlecht war.

Henrik: Mein Bierkonsum ist gestiegen. Wir haben hier einen Kasten, und jeder macht auf einer Liste ein Kreuz, wenn er sich ein Bier nimmt. Und wenn ich in Bierstimmung bin, kann ich ohne weiteres an einem Abend zehn Flaschen trinken, ohne daß es mir etwas ausmacht.

Ruth: Was den Shit-Verbrauch betrifft, so ist der auch ziemlich groß gewesen, weil wir davon genug hatten. Hätten wir nicht so viel gehabt, wäre der Konsum auch nicht so groß gewesen.

Henrik: Es ist noch zu bemerken, daß die Leute hier sehr wenig Radio hören, man hört kaum noch Nachrichten. Einige sehen sich manchmal die Nachrichten im Fernsehen an. Wir haben zwar Zeitungen, es gibt aber mehr Leute als früher, die nicht einmal die Tageszeitungen lesen, auch aus dem Grund, weil nicht genug Exemplare vorhanden sind. Man liest weniger Bücher als früher. Im ganzen kann man wohl sagen, daß man sich bedeutend mehr miteinander beschäftigt und daß dies eben die meiste Zeit in Anspruch nimmt.

Ruth: Wir reden mehr miteinander und unternehmen mehr gemeinsam, während man früher dasaß und las oder Radio hörte. Man war viel mehr allein.

Kinder

Else Merete: In groben Zügen kann man sagen, daß wir anfangs beabsichtigten, die Verantwortung der Eltern für die Kinder zu verteilen und zu kollektivieren. Außerdem müssen für die Kinder weder der Beitrag für das Haus noch das Essen bezahlt werden. Die Eltern haben sich sehr zurückgezogen, jedenfalls tat ich es, und ich habe manchmal Maria sogar zurückgewiesen, damit auch die anderen sich mit ihr beschäftigen konnten. Letzten Sommer hatten alle verhältnismäßig viel Zeit, und es entstand ein richtig gutes Zugehörigkeitsverhältnis, finde ich. Die Kinder sprachen dann von ihren vielen verschiedenen Müttern und von ihren vielen verschiedenen Vätern. Sie konnten zum Beispiel zu jemandem hinkommen und sagen «Du bist meine Mutter» oder «Du bist mein Vater», und sie haben sie auch mit «Mutter» bzw. «Vater» angeredet. Jetzt, wo viele angefangen haben zu arbeiten, sind es weniger geworden, die Zeit haben, sich mit den Kindern zu beschäftigen. Das hat nun dazu geführt, daß es wieder die Eltern sind, die das Sicherheitsbedürfnis der Kinder erfüllen müssen. Ich finde das zwar sehr natürlich, aber auch etwas schade.

Im Zusammenhang mit dem Schulbeginn einiger Kinder haben wir unser «Hausmädchen-System» eingeführt. Mik und Aja müssen nämlich den ganzen Tag beaufsichtigt werden, weil sie nicht in den Kindergarten kommen können.

HENRIK: Zum Hausmädchen-System ist zu sagen, daß wir vierzehn Erwachsene, wenn es geht, alle vierzehn Tage einmal einen ganzen Tag zu Hause bleiben. Man muß dann dafür sorgen, morgens die Kinder wach zu kriegen, sie zu waschen, ihnen Essen zu machen und sie zur Schule zu schicken. Außerdem paßt man auf das Haus und die Kinder auf, läuft herum, macht ein bißchen sauber, wäscht etwas ab. Allgemein gesagt erfüllt man also die traditionellen Pflichten des «Heimchens am Herd», wenn man davon absieht, daß man nicht immer auch das Essen zuzubereiten braucht. Dieses System hat gewisse Schwierigkeiten ausgelöst, weil nicht immer schon am Abend vorher, bevor die Kinder schlafengelegt wurden, feststand, wer am nächsten Tag Hausmädchen sein sollte. Das bedeutet für die Kinder eine gewisse Unsicherheit. Außerdem gibt es Probleme beim Koordinieren der Erziehung, damit die gleichen Dinge erlaubt werden und die Kinder nicht anfangen, die Erwachsenen gegeneinander auszuspielen. Einige sind den Kindern gegenüber autoritärer als andere und sprechen anders mit ihnen, sie verlangen und erwarten andere Dinge von den Kindern als andere. Das ist eine äußerst wichtige Sache, weil die Kinder sonst verwirrt und unsicher werden. Sie bekommen allgemein den Eindruck, daß man sich nicht recht auf die Erwachsenen verlassen kann, und davor haben wir etwas Angst.

ELSE MERETE: Nun ist die Atmosphäre in unserer Kommune ziemlich ironisch, und das färbt ja auch auf die Kinder ab, die unsicher und unruhig werden. Wenn von den Erwachsenen jemand mit den Kindern in diesem Ton witzig sein will, können sie ihm das sehr übel nehmen, weil die Kinder das nicht genauso wie die Erwachsenen verstehen.

HENRIK: Ich glaube, es ist auch sehr wichtig, daß in der Kommune drei Elternpaare mit anderen Leuten zusammen sind, die eigentlich kaum Erfahrung mit Kindern haben. Das ist meiner Meinung nach ein großes Problem. Viele von uns sind schon über 25 und ich glaube, es ist kein Zufall, daß diese Leute keine Kinder haben. Ist es vielleicht merkwürdig, daß gerade solche Leute keine Kinder haben? Es zeigt doch nur, daß sie anderen Dingen als Kindern den Vorzug gegeben haben: ihrer Selbständigkeit, ihrer Mobilität, ihrer Freiheit zu allem möglichen, ihrer Freiheit, ihre eigenen Bedürfnisse zu befriedigen. Kinder schränken die Freiheit ein, weil es ganz einfach noch andere gibt, an die man mindestens genausoviel denken muß wie an sich selbst.

RUTH: Es ist charakteristisch, daß die meisten eigentlich ein sehr vernünftiges Verhältnis zu den Kindern haben. Trotzdem schlagen sie gegenüber den Kindern diesen «Erwachsenenton» an, den die Kinder – wie wir oft erlebt haben – nicht verstehen. Unter den Erwachsenen ist der Ton ziemlich rauh, es versteht sich aber, daß er nicht verletzend gemeint ist. Wir haben da so eine ironische Art . . .

HENRIK: Das ist jetzt aber nicht mehr so, das war mehr am Anfang. Unter den Erwachsenen hat sich der Ton völlig geändert, er ist jetzt viel sanfter und verständnisvoller geworden. Das heißt aber nicht, das sich auch der Ton den Kindern gegenüber verbessert hat.

ELSE MERETE: Ja, das stimmt, da hat sich etwas geändert. Auch daß wir uns gegenseitig irgendwie viel liebevoller behandeln. Wir haben so eine Gewohnheit, uns zu umarmen, und nett zueinander zu sein. Das hat die Entwicklung so mit sich gebracht und das finde ich gut. Anderswo ist das gegenseitige Verhältnis oft viel verkrampfter.

RUTH: Für einen erwachsenen Menschen ist es völlig unmöglich, sich vorzustellen, was es heißt, ein Kind zu haben, wenn man keines hat. Man bekommt zwar ein gewisses Verhältnis zu den Kindern, und man spürt wohl auch ein Verantwortlichkeitsgefühl ihnen gegenüber. Ob dieses Gefühl sich aber mit der Verantwortlichkeit der Eltern für ihre Kinder vergleichen läßt, weiß ich nicht. Wenn man auf sie aufpaßt und täglich mit ihnen zusammen ist, nimmt man die Rolle der Eltern ein und versucht, ihnen eine erwachsene Stütze zu sein, und ich finde nicht, daß die Mitglieder der Kommune sich für die Kinder nicht verantwortlich fühlen. Es hat sich in vielen Situationen gezeigt, daß die Leute es wirklich tun. Das hat sich eben so entwickelt.

Davon abgesehen, ist die Hausmädchen-Ordnung vorzüglich. Es gibt aber einige, die ganz einfach zuviel zu tun haben.

ELSE MERETE: Es ist nämlich eingetreten, daß einige, die mehr Zeit haben, öfter Hausmädchen waren, als die, die weniger Zeit haben.

RUTH: Die Leute sind eben nicht alle so wild hinter dieser Rolle her – auch nicht diejenigen, die dafür eigentlich Zeit genug haben sollten. Das ist keine Frage des Status. Es gibt eben nur kaum jemanden, der daran interessiert ist, längere Zeit hier im Haus zu bleiben.

ELSE MERETE: Viele Leute haben auch ewig ein Feuer unter dem Hintern, sie sind rastlos, und wenn man ihnen sagt: «Jetzt mußt du, verdammt noch mal, hierbleiben», heißt das für sie, daß man ihnen Arme und Beine abschneidet. Das ist natürlich nicht sehr positiv, aber wir sind manchmal gezwungen, so vorzugehen, um einen angemessenen Ausgleich zu schaffen.

RUTH: Das sind die Leute ohne Kinder. Das sind die Leute, die sich bis vor fünf Monaten den ganzen Tag nur mit ihren eigenen Ideen und Problemen beschäftigt haben. Andererseits hat es für alle aber sehr viel bedeutet, Kinder überhaupt erst zu erleben.

ELSE MERETE: Wir haben in der letzten Zeit viel darüber gesprochen, daß es fast immer einen Erwachsenen gibt, der etwas gegen das hat, was die Kinder unternehmen. Das bedeutet, daß sie in vielen Situationen negative Sanktionen erleben. Es hat sich nun gezeigt, daß in einigen Situationen, in denen man etwas von den Kindern verlangt, ohne daß es darüber viel zu diskutieren gäbe, die Kinder diese Aufforderung nur schwer beurteilen können und sich nicht einordnen, es sei denn, man redet eine halbe Stunde lang mit ihnen herum. Meiner Meinung nach kommt das von den negativen Sanktionen bei kleinen, gleichgültigen Angelegenheiten her.

RUTH: Das liegt wohl daran, daß unsere Toleranzgrenzen so verschieden sind und daß die Vorstellungen der einzelnen darüber, was Kinder dürfen und was nicht, ziemlich voneinander abweichen. Das zeigt sich auch, wenn sich täglich jemand anderes mit den Kindern beschäftigt. Die verschiedenen Temperamente und die divergierenden Auffassungen über Kindererziehung bei den einzelnen führen eben täglich zu Sanktionen auf verschiedenen Gebieten.

ELSE MERETE: Nachdem wir hierhergezogen sind, habe ich bemerkt, daß Maria sich mehr abschließt, sich in ihr Zimmer zurückzieht und sich vor Kontakt scheut. Es gab auch eine Periode, wo ich irgendeine Bemerkung wie «Du siehst aus wie ein kleines isländisches Pferd mit dem Ponyhaarschnitt» fallenließ, und sie mir das furchtbar übelnahm und sagte, daß ich sie ärgern wollte. Das ist auch erst hier vorgekommen, es hat sich jetzt aber gelegt.

HENRIK: Was das Verhältnis der Kinder zur Sexualität betrifft, so finde ich es gut, daß den Kindern gegenüber Offenheit geherrscht hat. Ich vergleiche das natürlich mit meiner eigenen Kindheit, wo im Freundeskreis schon im Alter von fünf oder sechs Jahren sexuelle Aktivitäten auftraten, während man aber gleichzeitig irgendwie wußte, daß man darüber nicht mit seinen Eltern sprechen konnte und es daher vor ihnen verheimlichte. Ich finde es hier sehr gut, daß die Kinder wissen, daß man miteinander schläft und daß sie auch wissen, daß man es tut, weil man sich gern hat. Gleichzeitig verbergen sie auch nicht, daß sie selbst so etwas wie ein Sexualleben haben, worüber sie reden und was sie sehr beschäftigt. Auch als Fachmann finde ich das sehr interessant, weil man ja lange Zeit der Psychologie von einer latenten Periode der kindlichen Sexualität ausging, die sich zwischen dem Alter von fünf bis sechs Jahren und der Pubertät erstrecken sollte, und das ist wohl ziemlicher Unsinn. Das kann höchstens wohl eine Repressionsperiode gewesen sein. Ich habe, ohne es zu beabsichtigen, einige Male unter den Kindern sehr zärtliche und erotische Situationen erlebt; das halte ich für positiv. Das heißt aber nicht, daß die Kinder etwa in das Sexualleben der Erwachsenen integriert wären. Das wird ja auch versucht, bei uns wollen wir diese Möglichkeit aber nicht. Es ist dazu noch zu sagen, daß die Kinder jedoch öfter bei einem Beischlaf anwesend waren.

RUTH: Sie laufen einfach in den Zimmern umher, um morgens nachzusehen, wer da ist. Sie kümmern sich eigentlich wenig darum, daß die Leute bumsen, sie können aber blitzschnell kombinieren, wer nun in den verschiedenen Betten liegt. Sie verbringen viel Zeit damit und haben demgegenüber ein ganz natürliches Verhältnis.

ELSE MERETE: Als wir neulich im Kino waren, um «Das Dschungelbuch» zu sehen, gab es einen Reklamefilm mit zwei Jungverheirateten, die gerade neue Möbel gekauft hatten; da sagte Aja plötzlich so laut, daß alle es hören konnten: «Nun gehen sie gleich bumsen.» Die Kinder sprechen ganz offen davon und haben keine Angst, darüber zu reden.

HENRIK: Nis besucht die Schule hier im Ort, und er wird jeden Morgen vom Schulbus direkt vor dem Haus abgeholt. Das ist sehr praktisch. Mit Maria gibt es allerdings ein Problem, da sie die «Lilleskole»[1] in Hillerød besucht. Das war schon immer ein Problem, weil es in der Kommune einige Leute gibt, die meinen, sie sollte dort nicht zur Schule gehen. Einerseits, weil man meint, es würde für die Kommune rein praktisch gesehen eine große Belastung bedeuten, andererseits finden es einige falsch, die Kinder in die «Lilleskole» zu schicken, weil sie dadurch in ein falsches Milieu geraten, denn nur priviligierte Akademiker schicken ihre Kinder in diese Schule.

ELSE MERETE: Es gab viele politisch-ideologische Argumente, daß man die Kinder in eine schwierige Situation hineinversetzt, wenn man in einer Kommune lebt, von der man weiß, daß sie eine Reihe von Normen und Verhaltensschemata entwickelt, die sie von der umgebenden Gesellschaft unterscheiden, und wenn man die Kinder dann noch zusätzlich in eine Schule schickt, die auch anders aufgebaut ist als die Gesellschaft.

1 Die «Lilleskole» ist eine progressive Privatschule. (Anm. d. Hg.)

HENRIK: Das wird ganz einfach dazu führen, daß die Kinder kaum einen natürlichen Freundschaftskreis hier in der Nähe finden werden. Und es war sehr schön, daß in den letzten Tagen einige Kinder, die hier in der Straße wohnen, mehr oder weniger aus eigenem Antrieb hierhergekommen sind, um mit unseren Kindern zu spielen.

ELSE MERETE: Was Maria betrifft, so möchte ich nur, daß sie in eine Schule kommt, in der nicht nur die intellektuelle Entwicklung berücksichtigt wird, sondern in der die soziale und emotionale Entwicklung gleichermaßen gefördert wird. Und das ist in den normalen Grundschulen nicht der Fall. Außerdem finde ich, daß man die Sache hier viel zu sehr als politisches und ideologisches Problem betrachtet, ohne dabei an das Kind und an die konkrete Situation zu denken.

RUTH: Dies war tatsächlich ein ziemlich ernster Streitpunkt gewesen. Jetzt ist für uns aber das Wichtigste, daß sich Maria wohl fühlt. Es gibt auch niemanden mehr, der das für völlig falsch hält.

HENRIK: Ich habe das, was damals geschah, so aufgefaßt, daß die Gemeinschaft sich untergeordnet hat, weil Else Merete eine ultimative Forderung stellte: Entweder kommt Maria in die «Lilleskole» oder ich mache in der Kommune nicht mehr mit.

ELSE MERETE: Das war, bevor wir hierherzogen.

HENRIK: Damals diskutierten wir diese Sache ziemlich oft, und dann hielten wir eigentlich recht lange wieder den Mund. Auch weil die Zeit vergehen sollte, und Else Merete die Möglichkeit haben sollte, sich ohne viel Streit aus der Affäre zu ziehen. Darauf hatten viele gehofft. Du solltest eine Möglichkeit haben, dann doch vielleicht so zu denken wie die anderen, auch wenn man nicht darüber sprach. Das hast du nicht getan, und deshalb hast du trotz der Meinung der Kommune den Entschluß zur «Lilleskole» unabhängig von uns gefaßt.

RUTH: Ja, es gibt auch die Frage, wie lange man sie beschützen kann ...

ELSE MERETE: Sie leben hier in der Kommune, aber nicht in einem geschützten Milieu.

RUTH: Nein, aber sie leben immerhin in einem Milieu, das wohl kaum dem üblichen ähnelt.

HENRIK: Wenn diese Gesellschaft verändert werden soll, wird sie jedenfalls nur geändert, wenn es mit der Zeit Menschen gibt, die ganz andere Erwartungen haben, und ich sehe es so, daß die Leute von der «Bernadotteschule» und der «Lilleskole» und andere verdammt unzufrieden werden, wenn sie einmal in die Gesellschaft hinausmüssen, weil sie sich einfach nicht in den vorgegebenen Rahmen einfügen wollen. Sie werden da zu etwas anderem erzogen, als die Gesellschaft es haben will. Die kommunalen Schulen müssen die Kinder natürlich mehr oder weniger für die bestehende Gesellschaft erziehen.

Henrik: Vor einem halben Jahr habe ich ein Examen abgelegt und habe nicht vor, sofort wieder mit dem Studium anzufangen, weil ich Geld verdienen muß, um ein Studiendarlehen zurückzuzahlen. Ich habe hier einen Job gefunden und bin dadurch mehr zu Hause als andere. Das Problem ist nicht darin zu sehen, daß es einige gibt, die mehr tun als andere – ich persönlich habe nichts dagegen, auch weil ich die Hausarbeit als Junge gelernt habe. Für mich ist entscheidend, und jetzt kommen wir zum Status, von dem ich früher sprach, daß ich es erlebe, daß die Hausarbeit nicht respektiert wird. Sie wird nicht als gleichwertige Aktivität angesehen neben dem, was andere draußen unternehmen. Wenn ich davon spreche, daß verschiedene Tätigkeiten unterschiedlich bewertet werden, dann heißt dies nicht nur, daß einige Leute eine Arbeit außerhalb der Kommune wählen, weil sie die Arbeit hier im Haus nicht für außerordentlich wichtig halten, sondern daß diese Einschätzung auch auf diejenigen übertragen wird, die diese Arbeiten ausführen. Und das verursacht einige Verstimmung. Genauso wie die nicht sehr angesehene Tätigkeit des Müllabholers auch auf sein Ansehen in der Gesellschaft übertragen wird.

Ruth: Ich meine, daß diese Probleme schon wieder durchsichtiger geworden sind, weil wir Angst davor gehabt haben, im Haus bestimmte Rollen zu übernehmen.

Henrik: Die Rollen kann man zum Beispiel an mir gut verdeutlichen, da ich, schon bevor wir hierherkamen, es auf mich nahm, Rechnungsführer zu sein. Ich habe das Geld eingezogen, auf ein Konto eingezahlt und dafür gesorgt, daß für die verschiedenen Konten Geld da war. Allmählich mußte ich die Leute jeweils zum Ersten aber um das Geld bitten, weil sie von sich aus nicht daraufkamen. Und dies führte nach und nach dazu, daß Aggressionen gegen mich aufkamen, weil ich dieselben Leute drei- oder viermal bitten mußte, bevor sie sich dazu bequemten, das Geld abzuliefern, das sie vielleicht gerade hatten, während andere überhaupt kein Geld hatten und es deshalb später nachzahlen sollten. Das war der Hauptgrund, weshalb ich das Amt niederlegte, obwohl ich auch sehen konnte, daß dafür mehr als einer erforderlich ist. Meine Rolle als Rechnungsführer führte eben dazu, daß die Erwartungen, die man in anderen Situationen an mich stellte, davon beeinflußt wurden.

Else Merete: Ich finde nicht, daß die Geschlechter bei uns, was Kochen und Saubermachen betrifft, ungleich behandelt werden, aber Holzhakken und Sägen zum Beispiel haben die Mädchen nicht zu lernen versucht, und das ist eigentlich bedenklich. Denn man muß schließlich auch lernen, seine Gardinenstangen selbst anbringen zu können, anstatt einen starken Mann darum bitten zu müssen.

Ruth: Die meisten von uns sind nicht viel weiter als die traditionelle Emanzipation der Frau gekommen. Das bedeutet gesellschaftlich gesehen, daß wir es als natürlich ansehen, selbst zu entscheiden, ob wir heiraten oder zum Beispiel eine Ausbildung machen wollen. Bei den Gefühlen hat sich noch nichts entwickelt. Im praktischen Bereich zeigte es sich ja in diesem Sommer, daß es in erster Linie die Männer waren, die die gröberen Arbeiten übernahmen. Ich hatte auch gar nichts dagegen, wir mußten ja immerhin das meiste anstreichen, was hier zu streichen war. Man kann eben nicht damit anfangen, Geschlechterrollen zu diskutieren, wenn man gerade ein Riesenhaus instand setzen will. Jetzt hat es sich so entwickelt, daß die Dinge, die im Haus zu verrichten sind, sowohl von den männlichen wie von den weiblichen Mitgliedern getan werden können, und deshalb hat sich dieses Problem zugespitzt.

Henrik: Es kommt noch das Problem hinzu, daß die Kommune relativ weit von Kopenhagen entfernt liegt. Die politisch Engagierten fühlen sich mehr oder weniger gezwungen, nach Hause zu kommen. Es kann bei unseren Hausversammlungen vorkommen, daß sie sagen: «Man möchte mich in einen Ausschuß aufnehmen, darf ich das?» Dann sagt man ihm: «Jetzt im Sommer können wir das erlauben, aber du kannst dir wirklich nicht erlauben, in allen Ausschüssen mitzumachen, die es gibt. Wir benötigen dich eben hier.» Die Kommune muß also eine restriktive Kontrolle ausüben über das, was die einzelnen so treiben. Man sagt also: «Du kannst dir nicht erlauben, diese Dinge allein für wichtig zu befinden, es gibt auch hier einige Leute, die dich brauchen.»

Ruth: Ich verstehe nicht ganz, wie du dir das sonst vorgestellt hast, Henrik. Es scheint so, daß es dich überrascht, daß die Leute lieber lesen als viermal die Woche Hausmädchen spielen.

Henrik: Es überrascht mich, wenn einige sagen, sie wollen in einer Kommune leben und in Wirklichkeit nicht vorhaben, etwas von dem aufzugeben, was sie draußen machen. In dieser Einstellung zur Kommune – in der sie wohnen und in der es ihnen gefällt – zeigt sich, daß das, was sie draußen unternehmen, offensichtlich als wichtiger eingestuft wird, genau wie der Ehemann es gegenüber seinem traditionellen «Heim» tut. Diese Struktur finde ich etwas beschämend.

Else Merete: Ja, du hast recht. Hierüber haben wir auch viel diskutiert, weil wir irgendwie an einem Scheideweg stehen und uns entschließen müssen, in welche Richtung wir weitergehen sollen, ob wir eine Pension sein sollen oder nicht, und an sich wünscht das ja niemand, denn ich glaube doch, daß alle guten Willens sind.

Henrik: Ich spreche in diesem Zusammenhang ja gar nicht vom Willen. Für mich ist es einfach unmoralisch, wenn wir darüber reden. Ich will auch niemanden anklagen. Ich beobachte nur, was hier passiert, und das kann man am besten mit dem traditionellen Muster in der alten Familie vergleichen – nur eben auf mehrere Menschen übertragen. Das finde ich in einer Kommune, die über Experimente mit neuen Lebensformen redet, ziemlich negativ.

RUTH: Die Frage ist, ob es hilft zu sagen: «Okay, ich nehme das auf mich und mache es, obwohl ich es in Wirklichkeit nicht so gerne tue und lieber lesen würde.» Ich glaube kaum, daß diese Haltung hilft, sie wird eher bestimmte Rollen aufbauen, die die Betreffenden nie ablegen werden.

Gruppensex?

HENRIK: Es ist meiner Meinung nach positiv zu verzeichnen, daß auch unter ziemlich vielen Männern Zärtlichkeiten ausgetauscht werden, genau wie es auch unter den Mädchen und unter den Männern und Mädchen der Fall ist.

ELSE MERETE: Das finde ich auch gut . . .

HENRIK: Das führt vielleicht dazu, daß da etwas in Gang kommt, worüber wir theoretisch viel geredet haben, nämlich daß wir neben der Polarisierung männlich-weiblich auch die starken bisexuellen Elemente akzeptieren können, die wir alle besitzen.

ELSE MERETE: Als das Haus gebaut wurde, gab es mehrere Paare. Da waren Ruth und Leo, Henrik und Tove, Erik und Jette. Die Paarkonstellation Erik und Jette hatte sich aufgelöst, die zwischen Henrik und Tove ist teilweise aufgelöst, Ruth und Leo, was ist mit denen?

HENRIK: Die gibt es noch einigermaßen.

RUTH: Ja, fast als Paar, obwohl wir kein monogames Paar sind. Leo ist noch nicht in sein eigenes Zimmer gezogen, sondern lebt immer noch in meinem Zimmer. Wir leben aber nicht monogam, wenn man es so ausdrükken will. Und es geht augenblicklich ganz gut so, ich weiß aber nicht, wie es auf die Dauer sein wird.

HENRIK: In vielen Kommunen gibt es einen Trend zur Exogamie. Man ist sich innerhalb der Kommune treu, und «Nebenverhältnisse» geht man nur mit Leuten außerhalb der Kommune ein. Bei uns ist das aber nicht vorgekommen. Es gab eine Zeit, wo man sich irgendwie scheute, mit den eigenen Leuten hier aus der Kommune zusammen zu sein, und dann mit Leuten von außerhalb seine Zeit verbrachte. Es ist mir aber aufgefallen, daß die Leute in der Kommune erst allmählich sich miteinander beschäftigen, auch auf sexuellem Gebiet, während man gleichzeitig außerhalb Freunde und Freundinnen hat, mit denen man zusammen ist.

Es gibt außer den Paaren, die wir erwähnten, noch ein weiteres: Ruth und Christian, die in den letzten vierzehn Tagen sehr viel zusammen waren. Es ist die Frage, ob sich vielleicht eine Wechselstruktur von Paaren ergeben wird oder ob man eine ganz neue Struktur finden wird, die vielleicht lockerer sein wird und die vielleicht nicht nur Paare, sondern auch Dreiecksverhältnisse oder Vierecke einbezieht – wir wissen selbst noch nichts Konkretes, obwohl wir Vorstellungen davon haben. Einige von uns glauben, daß es dem Gruppenleben, der Kommunikation und dem Zusammenhalt nutzen könnte, wenn es unter uns eine viel größere gefühlsmäßige und erotische Kommunikation gäbe. Auch wäre es günstig, wenn nach und nach die Schranken zum Gruppensex abgebaut werden könnten, was aber nicht heißen soll, daß es als Zwang aufgefaßt werden soll, sondern nur als Möglichkeit, als etwas ganz Natürliches, das sich dann im Anschluß an die vielen schönen und gemütlichen Abende ergeben könnte, oder nach den Hausversammlungen, die gut verlaufen usw. Wir haben uns jetzt vorgenommen, daß eines unserer gemeinsamen Zimmer als «Matratzenzimmer» eingerichtet werden soll, mit schmalen Tischen an den Wänden und vielen Matratzen, Schaumgummipolstern und ähnlichem. Ein Zimmer, wo man natürlich auch ganz platonisch zusammen sein kann, ohne daß wir damit direkte erotische Absicht hätten, wo man aber auch alles mögliche andere machen kann; eben die Möglichkeiten des Hauses ausnutzen. Das wird vorläufig aber warten müssen, bis genügend viele von uns darauf eingestellt sind.

RUTH: Ich glaube, das ist sehr wichtig, wenn man die langsame Entwicklung der Einstellung zum Bumsen hier in der Kommune bedenkt, wo alle meinten, daß wir nicht anfangen wollten, diese Dinge zu forcieren. Und andererseits dachte man eben, es gibt keinen Grund, das zu tun, weil die Entwicklung sowieso in die Richtung geht, genau wie bei den sich lockernden Paarstrukturen, wird das sich auch langsam ändern. Es haben ja noch die wenigsten mit allen geschlafen, und ich meine, daß die Entwicklung, was den Gruppensex betrifft, eben so weitergehen wird.

HENRIK: Wenn die etwas weitergehende Bumserei hier bei uns innerhalb der Gruppe ohne zu große Eifersuchtsprobleme funktionieren soll, muß sie notwendigerweise mit einer größeren Integration kombiniert werden, das heißt, daß man zu dritt, viert, fünft oder zu siebt zusammen ist, oder mit der ganzen Gruppe – eben um so diese festen Vorstellungen zu verhindern. Das hängt alles mit dem Gefühl der Sicherheit zusammen, weil die Eifersucht auf der Angst, etwas zu verlieren, beruht.

ELSE MERETE: Ich finde, fest etablierte Paarverhältnisse sind sowieso eine traurige Angelegenheit.

RUTH: Ich glaube auch, daß sich die Paarstrukturen auflösen werden, obwohl ja in den letzten vierzehn Tagen ein Paar hier entstanden ist, und das nach fünf Monaten, die wir hier wohnen. Ich glaube aber nicht, daß es sehr fest ist.

HENRIK: Ja, das geht hinter verschlossenen Türen vor sich, und manchmal ist es ganz lustig, das mitzuerleben. Vor anderthalb Monaten hatten wir nämlich eine kleine Tripperepidemie bei uns. Eines der Mitglieder hatte sich draußen angesteckt, und obwohl wir den Eindruck hatten, daß die sexuelle Aktivität bei uns recht niedrig war, hatte sich nach etwa zehn Tagen ein großer Teil von uns angesteckt.

ELSE MERETE: Es überrascht mich eigentlich, daß das alles in einem Haus passieren kann, ohne daß jemand davon etwas weiß.

HENRIK: Ich kann ja an mir selbst feststellen, daß ich hier in der Kommune nur dann mit anderen Mädchen zusammen bin, wenn Tove nicht da ist. Das hängt damit zusammen, daß ich mein altes und sehr langes Verhältnis zu Tove nicht ganz überwinden kann. Es fällt mir schwer, mich genug für andere zu interessieren, so daß es soweit käme, wenn Tove im Haus ist. Das ist auch für sie ein Problem, da haben wir neulich drüber gesprochen.

RUTH: Ja, ich glaube das ist sehr wichtig. Ich habe selbst etwas Ähnliches erlebt. Wenn man jemanden über lange Zeit hinweg gekannt hat, gibt es trotz allem viele gemeinsame Dinge. Ich habe früher nicht darüber nachgedacht, es stimmt aber, daß es irgendwie leichter ist, wenn man allein ist.

HENRIK: Wenn wir sagen, daß unsere Kommune nicht sehr von Paarverhältnissen geprägt ist, dann liegt das daran, daß die Leute, die mit einer Person von außerhalb ein Paarverhältnis eingehen, natürlich als Einzelperson in die Kommune ziehen, das heißt, daß unsere Kommune normalerweise nicht durch Paarverhältnisse auffällt, wie das bei anderen Kommunen der Fall ist, weil die Paare entweder nur sporadisch existieren, bei Besuch zum Beispiel oder weil der bei uns lebende Teil eines Paares nicht hier ist. Ich glaube aber, daß wir nicht mehr von der Paarkrankheit befallen sind.

RUTH: Ich finde es wichtig, daß die Paarverhältnisse, die es ja gibt, trotz allem nicht so furchtbar fest sind, wenn man sie genau betrachtet.

HENRIK: Ich bin mir über diese Dinge sehr im unklaren, da ich nicht weiß, was überhaupt möglich ist, und was ich mir selbst auf längere Sicht zutrauen kann. Meine Unsicherheit hängt wohl damit zusammen, daß ich dann, wenn es keine Bindungen mehr gibt, die fester sind als andere, befürchte, daß wir in eine Situation geraten werden, in der irgendein Dschungelgesetz mit freier Konkurrenz wirksam wird, das meiner Meinung nach die Kommune zerstören kann. Wenn die Unsicherheit oder die fehlende spezielle Bindung überhand nimmt, wird es sehr oft dazu führen, daß man dauernd gezwungen ist, sich am «Konkurrenzkampf» zu beteiligen. Das ist eine mögliche Entwicklung, in der diese Dinge eine falsche und zu betonte Stellung einnehmen, eben weil man ewig am Spiel beteiligt ist und deshalb immer auf der Hut sein muß. Gleichzeitig kommt hinzu, daß sich starke Unterschiede in der Attraktivität der verschiedenen Gruppenmitglieder zeigen wird, was wiederum dazu führt, daß man sich hier mehr engagiert und woanders weniger. Die Konkurrenz wird enorm, und sie kann sich destruktiv entwickeln, wenn man nicht hohe Moralvorstellungen aufbauen kann.

Else Merete: Ja – und zum Gruppensex kommt.

Henrik: Oder ihn damit verbindet. Ich sage das nur, weil ich nicht glaube, daß alles in Ordnung sein wird, wenn die Paare abgeschafft sind. Das glaube ich auf keinen Fall.

Else Merete: Es sieht so aus, als gäbe es ein Nah- und ein Fernziel. Ich möchte irgendwann mehr Kinder haben und ich habe keine Lust, welche zu haben, ohne daß der Vater sich an der Erziehung beteiligen kann – eventuell auch zusammen mit anderen Menschen. Hier kommt das Problem mit den Paaren noch einmal auf, und ich finde die sehr abgeschlossenen Paarverhältnisse nicht besonders anziehend.

Henrik: Mir geht es genauso. Ich bin zwar auf sehr lockere Paarbeziehungen eingestellt, andererseits bin ich aber davon überzeugt, daß ich nicht bis in alle Ewigkeit zwischen verschiedenen Mädchen herumwechseln werde.

Ruth: Das ist jedenfalls sehr wichtig: Warum wollen die Leute hier in der Kommune, so wie sie jetzt ist, keine Kinder haben? Ich glaube, man fühlt sich verunsichert. Es gab einige, die Kinder haben wollten, bevor wir hierherzogen, jetzt wollen sie aber plötzlich keine mehr.

Henrik: Auf längere Sicht gesehen heißt das, daß die Existenzberechtigung der Kommunen davon abhängen muß, ob sie sich zu Millieus entwickeln können, wo es möglich sein wird, Kinder zu zeugen, zu gebären und zu erziehen – sonst haben sie keine Berechtigung, außer als Extremmilieus für ausgeflippte Studenten.

Else Merete: Ich möchte immer noch gerne Kinder haben.

Ruth: Auch in der Situation, wie sie jetzt ist?

Else Merete: Ja, solange ein Kind klein ist, glaube ich, braucht es nur wenige Bezugspersonen, und wenn ich ein Kind bekäme, sollte es auch nicht hier durch die Hände aller gehen, solange es noch ein Baby ist, sonst würde es gleich verrückt werden – ich weiß nicht ganz, ich sehe das von den Eltern hier wohl auch noch am Positivsten.

Wie werden Beschlüsse gefaßt?

Henrik: Der einzelne muß die verschiedenen Beschlüsse nach ihrer Wichtigkeit prüfen, und sich dabei darüber im klaren sein, was er selbst beschließen kann und was er zusammen mit den anderen Mitgliedern beschließen muß. Das kann zum Beispiel heißen, daß drei andere dabei sind, oder der Beschluß kann eine größere Bedeutung haben, so daß sechs bis sieben dabei sein müssen, oder man muß damit vielleicht bis zum Treffen aller Kommune-Mitglieder warten. Diese Versammlung ist allerdings auch beschlußfähig, wenn nur vier Leute anwesend sind.

RUTH: Ja, es gibt keine Anwesenheitspflicht für die Vollversammlungen. Normalerweise wird sie Freitag abend abgehalten, und diejenigen, die im Haus sind, beschließen, was beschlossen werden muß, und wenn sie auch noch sehr aktiv sind, schreiben sie ein Protokoll, damit die übrigen die Beschlüsse nachlesen können. Vorläufig hat es deswegen keine Beschwerden gegeben. Wir diskutieren sehr oft und lange, aber niemand ist bis jetzt eigentlich richtig sauer geworden.

HENRIK: Die Beschlüsse werden an und für sich nach einem ziemlich willkürlichen Modus gefaßt. Es geht meistens so vor sich, daß einige viel reden, andere weniger und irgendwann hat man den Eindruck, daß die Vorschläge angenommen sind oder nicht.

ELSE MERETE: Ich finde nicht, daß irgendwie Dinge über die Köpfe der anderen Mitglieder hinweg festgesetzt werden. Man diskutiert immer bis zu einem Ergebnis.

RUTH: Die Ansichten einiger Leute bekommt natürlich dadurch mehr Gewicht, daß sie viel reden und die Angelegenheit vielleicht auch durchdacht haben, während es immer welche gibt, die nicht so viel mitreden können. Ich habe aber nicht den Eindruck, daß es immer dieselben Personen sind.

HENRIK: Es gibt bei uns keine Führung von oben. Alles ist so frei und offen wie überhaupt möglich. Es ist sogar niemand verpflichtet, an den Versammlungen teilzunehmen. Davon abgesehen, steht es auch bei den Versammlungen jedem frei, zu reden, was er will, und soweit ich es sehen kann, hatten wir auch noch keinen festen Diskussionsleiter, weil es immer davon abhängt, worüber wir reden.

RUTH: Wir haben allerdings das Veto-Recht, wenn es darum geht, ein neues Mitglied in die Kommune aufzunehmen. Wir hatten einen Fall, wo jemand in die Kommune aufgenommen werden sollte, aber eines der jetzigen Mitglieder war absolut dagegen, und damit war die Sache erledigt. Das war zwar nicht auf einer Versammlung, es reichte aber aus, um die Angelegenheit zu erledigen. Wir werden diese Regel wahrscheinlich auch in Zukunft beibehalten.

HENRIK: Ich finde es ziemlich wichtig, daß dieses Recht nicht als Veto-Recht formuliert ist, denn es besteht ein großer Unterschied zwischen einem einstimmigen Beschluß einerseits und dem Veto-Recht andererseits. Das Veto-Recht bedeutet eine größere Härte und eine Verteidigung der äußersten Grenzen. Einstimmigkeit dagegen bedeutet, daß man lange über die Angelegenheiten reden muß und daß man dazu nicht einfach «Nein» sagt. Und so haben wir es eigentlich formuliert. Nicht als Veto-Recht, sondern so, daß es gewisse Beschlüsse gibt, die nur einstimmig gefaßt werden können.

RUTH: Es stimmt aber nicht, daß wir uns immer so schön einigen können. Wir erleben oft Situationen, wo einige Leute Beschlüsse fassen, und andere werden deswegen sauer, meiner Meinung nach aber nur, weil sie nicht darüber informiert werden, daß etwas beschlossen worden ist. Es ist mehr eine Frage der Kommunikation, daß die Leute sauer reagieren, weil sie sich selbst vielleicht über einen anderen Weg informieren. Es gab einige sehr peinliche Sachen mit unseren Nachbarn, denen wir etwas versprochen hatten, und dann kamen einige und sagten, daß sie da nicht mitmachen wollten. Das kommt davon, wenn man die Kommunikation innerhalb der Gruppe nicht erreicht. Die negativen Reaktionen rühren eher daher als von den Beschlüssen an sich, denn ich kann mich nicht erinnern, daß jemand wegen eines bestimmten Beschlusses sich übergangen fühlte.

Über alles, was hier mit dem Haus zusammenhängt, sind wir uns an und für sich ohne viel Zögern einig geworden. Was die Presse betrifft, gab es einige Unstimmigkeiten, und deswegen haben wir beschlossen, daß niemand von sich aus einer Zeitung oder dem Rundfunk eine Zusage geben kann, wenn man nicht hundertprozentig überzeugt ist, daß die Sache klar ist und das kommt wohl erst gar nicht vor. Jedenfalls soll man die Leute bitten, am nächsten Tag wieder anzurufen, damit wir beim Mittagessen dazu Stellung nehmen können, ob wir den Journalisten überhaupt sehen wollen. Normalerweise ist unser Bedürfnis, Pressebesuch zu bekommen, nicht groß, und wir haben schon öfters solche Anfragen abgelehnt. Jedenfalls werden wir uns gründlich überlegen, ob so etwas einen zufriedenstellenden Zweck erfüllen kann.

Wieviel ist gemeinsam?

HENRIK: Die sozialen Beziehungen, deren Bedeutung enorm zunimmt, sind etwas Grundlegendes in der Kommune, wenn man eine große Gruppe mit großer Intimität, einer vielfältigen Kommunikation und einem reichhaltigen Wissen voneinander am Leben erhalten will. Es dreht sich allgemein darum, welche Qualität der zwischenmenschlichen Beziehungen man sich wünscht. Man kann natürlich ohne weiteres ein verhältnismäßig oberflächliches Verhältnis zu einer Menge von Leuten gleichzeitig aufrechterhalten. Ich will aber von mir selbst ausgehen: Ich habe fünfeinhalb Jahre in einer Ehe gelebt, und ich kann nur betonen, daß es sehr lange Zeit braucht, um sich gegenseitig kennenzulernen, um dem Zusammenleben dadurch eine menschliche Qualität zu geben. Man muß sich wirklich aufeinander einstellen können und versuchen, sich bis in die Tiefe des Wesens zu verstehen, um es etwas fein auszudrücken. Und wenn man wünscht, daß das Leben und die Beschäftigung mit anderen Menschen in der Kommune eine ähnliche Qualität besitzen soll, wird die Frage nach der Anzahl der Mitglieder zu einem großen Problem, genau wie auch die Art der Kommune. Man kann sich natürlich alle möglichen Arten von Kommunen vorstellen, wo man zumeist bei verhältnismäßig oberflächlichen Dingen zusammenarbeitet, das heißt, daß man bei einer Kernfamilienstruktur bleibt, aber gewisse gemeinsame Einrichtungen unterhält, die etwas umfassender sind als in den Servicehäusern, und daß man vielleicht auch zu einer wirtschaftlichen Integration kommt. Nun stellt sich aber das Problem, daß sich die Anzahl der zwischenmenschlichen Beziehungen sehr schnell vergrößert, je mehr Menschen beteiligt sind. Es ist nicht so, daß sich die Beziehungen einfach verdoppeln, wenn die Anzahl sich verdoppelt, sondern es werden weitaus mehr. Man muß sich in unheimlich vielen Beziehungen zurechtfinden, das heißt nämlich, daß man sich in seinen Beziehungen zu dreizehn oder siebzehn Leuten zurechtfinden muß und daß man sich außerdem über die Beziehungen jedes der anderen Menschen zu siebzehn anderen Leuten klar werden muß. Kannst du dir das vorstellen? Zu jedem Zeitpunkt sich darüber im klaren sein, wieso es dem Betreffenden schlechtgeht und wo er seine wunden Punkte hat, wieso er sich freut oder wieso er sauer ist oder vielleicht weint, damit man etwas für seine Mitmenschen tun kann. Dann tritt nämlich das Problem der großen Kommune auf, wie auch bei uns. Meiner Meinung nach sind wir einfach zu viele, gemessen an der Zeit, die uns zur Verfügung steht, und an dem Grad von gegenseitiger Kommunikation, Offenheit und Intimität, den wir uns wünschen.

ELSE MERETE: Es ist sehr schwierig, all die kleinen Zeichen, die jeder über seinen jeweiligen Zustand aussendet, verstehen zu lernen. Es ist sehr, sehr schwer, so etwas bei anderen zu bemerken. Und das ist eben wichtig, wenn man sich gegenseitig näherkommen will.

HENRIK: Ich weiß von mir selbst, daß ich früher selten so etwas wie intensive Erlebnisse von Freude und Leid gleichzeitig gehabt habe. Das bedeutet nicht, daß dieses gleichzeitige Lustig- und Traurigsein alles grau in grau erscheinen läßt, die zwei Gefühle treten beide nebeneinander auf. Ohne deshalb schizoid zu sein, fühlt man sich auf einmal sowohl sehr froh, sehr angeregt und exaltiert als auch irgendwie niedergeschlagen. Man kann sehr schnell von einer extremen Gefühlslage in die andere überwechseln, man wird sehr labil. Meiner Meinung nach beruht das darauf, daß man mit einer Menge von sozialen Situationen konfrontiert wird, für die es keine Präzedenzfälle gibt, und man weiß daher nicht, wie man sich verhalten soll. Man verläßt sich eben ganz auf die Instinkte und handelt spontan nach dem Gefühl.

Else Merete: Besonders am Anfang spielten die Gefühle eine sehr entscheidende Rolle.

Ruth: Eine persönliche Feindschaft, gleich welcher Art, kann sich sehr leicht in der Gruppe verbreiten, denn Verstimmungen übertragen sich schnell auf die Gruppe. Jetzt halten wir es aber nicht mehr für so furchtbar bedrohlich, wenn einmal jemand schlechte Laune hat. Sie wirkt sich wenig auf das Sicherheitsgefühl der Kommune aus. Ich meine aber, daß es immer noch zu viel Geklatsche gibt über Leute, die gerade nicht im Haus sind. Das geht dann so, daß jemand auf jemand anderes sauer ist und dann versucht, die Konflikte über Dritte abzureagieren, anstatt es direkt zu tun. So erzählt man Sachen über andere, die sie eigentlich viel besser selbst hören sollten. Aber das Vertrauen ist wohl noch nicht so groß, daß man jedem alles sagen könnte.

Henrik: Es kommt auf die jeweilige Stimmung an, ob man Konflikte lösen kann. Die Stimmung kann so schlecht sein, daß man die Konflikte nicht löst, sondern sie offen ausbrechen läßt. Daß man sich über andere aufregt, ist nur ein Gefühlsausbruch und keine Lösung. Es ist eine Aggressionshandlung gegenüber demjenigen, mit dem man sich im Konflikt befindet. Eine echte Lösung des Konflikts bedeutet, daß man die Angelegenheit bespricht, und das geschieht sehr selten. Man ist hier eine Zeitlang aufeinander sauer, dann verläuft es sich, man kommt gar nicht dazu, darüber zu reden, bis es den Konflikt nicht mehr gibt.

Else Merete: Manchmal, wenn man erregt über etwas spricht, wird das einem vorgeworfen. Für mich bedeutet das irgendwie eine Einengung. Wenn man erregt ist, dann soll es auch erlaubt sein, erregt zu sein, und man soll nicht gezwungen werden, auch noch ordentlich zu sprechen. Das wäre ziemlich langweilig. Es soll doch wohl erlaubt sein, sich zu freuen, sich zu ärgern und was weiß ich sonst noch!

Henrik: Diese Gruppe hat bis jetzt versucht, alles zu tun, um zusammenbleiben zu können. Ich habe die Einstellung, der Kommune noch ein Jahr zu schenken. Es können Dinge geschehen, die es erforderlich machen, früher zu gehen, das kann ich mir durchaus vorstellen. Ich möchte aber, wenn es überhaupt möglich ist, noch ein Jahr aufbringen, egal, wie schlimm es auch werden mag, um jedenfalls zu versuchen, die Hürden zu schaffen, und ich glaube, es geht vielen so wie mir.

Konflikte

Ruth: Ich glaube, die vielen Konflikte beruhen meistens auf unseren lieben Traditionen und der Art, wie wir normalerweise gewohnt waren, miteinander umzugehen. Für mich ist es nicht so sehr die Frage, den

Leuten an den Kragen zu gehen, denn ich habe Angst, daß ich mich nie wieder mit ihnen vertragen werde oder daß jemand die Kommune verlassen muß, sondern mich beschäftigt eher das Problem, was man überhaupt einem Menschen sagen kann. Wie weit darf man in der Kommunikation gehen? Ich war es nie gewohnt, die Leute so direkt anzugehen, wie ich es mir hier allmählich angewöhnt habe, weil es mir nämlich ganz gut gefällt. Sonst bin ich immer sehr vorsichtig gewesen, anderen meine Meinung über sie zu sagen, und das ist ja auch das gewohnte Verhalten. Es ist aber nicht so, daß die Leute sehr viel auf diese Weise miteinander reden. Ich glaube, man ist sehr vorsichtig, mehr aus privaten Gründen oder wegen einer anderen Person.

HENRIK: Bei mir ist es so, daß ich mich im Vergleich zu früher viel mehr abschließe. Da, wo ich herkomme, habe ich über meine Probleme immer direkt mit meinen Mitmenschen gesprochen. Mein Verhältnis zu Tove ist während der ganzen Zeit von einer phantastischen Offenheit geprägt gewesen, was Probleme und Konflikte angeht, die zwischen uns entstanden. Im Grunde geschah das aus reiner Ehrlichkeit gegenüber dem Partner. Jetzt ist mir aber aufgefallen, daß ich sowohl gegenüber Tove als auch gegenüber anderen Menschen in vielen Situationen weniger offen bin – vielleicht weil man oft unsicher ist und Angst hat, daß man dadurch vieles zerstören könnte, und vielleicht ist das Problem auch nicht so wichtig, daß man andere und wichtigere Dinge zerstören sollte, um es zu lösen.

RUTH: Das ist aber merkwürdig, denn ich bin sehr darauf eingestellt, den entgegengesetzten Weg zu gehen.

HENRIK: Das bin ich doch auch . . .

RUTH: Ich bin eigentlich sehr von mir selbst enttäuscht, daß ich in einer Reihe von Situationen mich mit allem abgefunden und eben nur mit der Schulter gezuckt habe. Ich will hoffen, daß das keine allgemeine Tendenz ist, denn dann kommen wir nie zu einem Ziel. Und es ist doch sehr wichtig, daß die Leute diese Dinge erfahren, nicht wahr? Es ist doch die einzige Möglichkeit, einander näherzukommen, wenn man auch die weniger angenehmen Dinge erzählt. Natürlich sind es nicht nur diese, aber oft sind es gerade die nicht so erfreulichen Tatsachen, die die Menschen gegenseitig näherbringen. Soweit ich das beurteilen kann, erinnern sich die Leute daran am längsten, und gerade von ihnen kann man in positiver Hinsicht sehr viel profitieren. Außerdem zeigt es ganz genau, was wir in Wikrlichkeit voneinander denken, und ich finde, wir reden zuviel. Wenn du wüßtest, wie viele Diskussionen hier in der Kommune abgehalten worden sind über jemanden, der nicht anwesend war . . . und wenn ich daran denke, was wohl über mich geredet wird, wenn ich nicht hier bin, das würde ich gerne wissen! Man wird der Gruppe gegenüber unsicher.

Else Merete: Ich möchte gern noch einmal auf das Persönliche eingehen. Ich fände es sehr positiv, wenn wir dazu einmal zusammen auf einen Trip gehen könnten. Damit es dann nicht dazu kommt, daß irgend jemand eines Tages kommt und hat LSD genommen. Und dann erzählt man ihm, daß man so etwas doch nicht an einem Werktag tut! Das ist neulich vorgekommen, «das war vielleicht verantwortungslos gegenüber der Kommune ...»!

Ruth: Das ist genau das gleiche, wenn wir den politisch Engagierten sagen, daß sie verantwortungslos handeln, wenn sie keine Lust haben, nach Hause zu kommen und Essen zu machen.

Henrik: Das ist das allgemeine Problem des Verhältnisses von Kommune und Freiheit, die, wie man so sagt, das Ziel der Kommune sein soll. Man sagt, daß man Freiheit sucht, man sagt, daß man mehr Entfaltungsmöglichkeiten mit mehr Alternativen für den einzelnen sucht. Man sagt, daß das die wichtigste Grundlage dafür ist, überhaupt eine Kommune aufzumachen. Es ist dann die Frage, ob man das überhaupt für richtig hält und ob es überhaupt möglich ist.

Innenwelt–Außenwelt

Ruth: Das Problem besteht darin, daß die Kommune in vielen Beziehungen restriktiver ist als eine Ehe, weil es eine Reihe von Dingen gibt, denen man sich gezwungenermaßen unterordnen muß, auch im Zusammenhang mit dem beruflichen Aufstieg, und mit der Zeit, die die Kommune in Anspruch nimmt, wenn es klappen soll.

Henrik: Das stimmt zwar, aber ich muß betonen, daß das nicht so viel mit der Kommune allgemein zu tun hat, sondern eher mit der Tatsache, daß wir aus einfachen Wohnungen kommen und jetzt plötzlich ein Haus haben. Früher hatten wir ein Instandhaltungskonto und alle drei Jahre kam der Maler ins Haus, früher hatten wir ein Haus mit Fernheizung usw. Man bezahlte eben, und alles wurde für uns geregelt. Jetzt haben wir aber eine ganz andere Situation, mit einem Haushalt von 40 000 Kronen und furchtbar vielen Dingen, an die man selbst denken muß.

Ruth: Für mich sind ernste Konflikte aus meinem Verhältnis zur Gesellschaft und zu meinem Studium entstanden, nachdem ich hierhergekommen bin. Ich bin vom ganzen Studiengang nicht sehr begeistert, kurz gesagt, ich habe keine Lust mehr zum Studieren, und es sind mir einige Zweifel aufgetaucht, ob ich überhaupt Lust habe zu unterrichten, wenn ich einmal fertig bin – was ich früher nie bezweifelt habe. Ich weiß aber nicht, in wieweit das mit der Kommune zusammenhängt. Es hat wohl einiges mit den Gesprächen zu tun, die ich hier mit den Leuten geführt habe, und die hätte ich genaugenommen auch früher mit anderen Leuten führen können. Man hat die Möglichkeit, zu studieren, wenn man es will, und man kann es auch sein lassen, wenn man das vorzieht; in dieser Hinsicht gibt es keine Restriktionen durch die Kommune. Es gibt auch niemanden, der seine Akademikerlaufbahn oder wie das auch heißt, aufgegeben hat. Im Augenblick hat niemand von uns Lust, Gartenarbeiten zu verrichten, obwohl wir sehr gut jemanden brauchen könnten, der dauernd den Garten bestellt. Wir könnten ohne weiteres einen Mann anstellen, den wir dafür bezahlen, wenn es jemanden gäbe, der dazu wirklich Lust hätte.

Ich habe, seitdem ich hierhergekommen bin, praktisch keinen Strich für mein Studium getan, und das tut mir eigentlich sehr leid. Mir fehlt die Lust dazu, weil hier andauernd so viel Spannendes passiert, und das interessiert mich bedeutend mehr, als dazusitzen und eine Seminararbeit zu schreiben. Eine größere Gemeinschaft in der Gesellschaft kann neue und starke Primärgruppen schaffen, in denen Menschen fröhlicher und sicherer leben können. Hierdurch kommen wir erst auf die Problematik der Freiheit in Zusammenhang mit der Kommune.

Das Leben in der modernen Großstadt steht in krassem Gegensatz zum Leben auf dem Dorf, das ja eigentlich ein Leben in einer kleineren Gruppe ist, wo jeder jeden kennt und wo man in vielen Dingen zusammenarbeitet, gleichzeitig aber sozial kontrolliert wird durch Klatsch, Neid und Intrigen. Es ist ja ganz klar, daß man in der Stadt weniger von anderen abhängig ist, von vielen negativen Einflüssen befreit ist, die auf den einzelnen Menschen belastend und unterdrückend wirken, andererseits hat man dadurch aber auch etwas verloren. Man hat das Milieu verloren, und das ist ein großer Verlust. Es gibt ja Vorstellungen, daß es sogar in der Großstadt, und zwar in den Slums von Nørrebro und Vesterbro lebensfähige Milieus gibt. Die moderne Großstadt, das sind doch wohl eher die modernen Viertel, die sehr kalt gebaut sind und denen jegliche sozialen Einrichtungen fehlen.

Wir waren uns von vornherein darüber im klaren, als wir hierherzogen, daß ein Mensch nicht dazu imstande ist, alle individuellen Bedürfnisse eines anderen zu befriedigen. Viele Paarverhältnisse sind hier auch kaputtgegangen, und die Leute, die eines aufgaben, haben wohl auch den Eindruck, daß es eben daran scheiterte, daß man selbst so weitgefächerte Bedürfnisse hat, die ein Mensch allein schwer erfüllen kann. Ich habe ein ganz anderes Verhältnis zu Kindern bekommen, seitdem ich hier bin. Früher konnte ich nichts mit Kindern anfangen. Diese Art der Zurückhaltung gegenüber fremden Kindern ist jetzt ganz verschwunden.

HENRIK: Schließlich geht der Entschluß zur Kommune doch davon aus, daß man nicht daran glaubt, der Mensch könne in der bestehenden Gesellschaft glücklich werden. Hier kommt eben eine Glücksvorstellung ins Spiel, die Vorstellung, daß viele Menschen unter anderen Verhältnissen glücklicher werden können und daß man jedenfalls mit sich selbst anfangen sollte. Man glaubt daran, daß es einem bessergehen wird, daß einem im früheren Leben etwas fehlte und daß die Bedürfnisse gestillt werden können, wenn man zum Beispiel in eine Kommune zieht.

Das Verhältnis zu den Nachbarn

HENRIK: Wir haben indirekt erfahren, daß die Gemeinde bei einem Ministerium angefragt hat, bevor wir einzogen. Die Antwort lautete, daß die Gemeinde uns leider nicht daran hindern könne, einzuziehen. Man saß eben der Vorstellung auf, daß eine Kommune etwas Schlechtes sei und daß es so etwas in der Gemeinde nicht geben dürfe. Wir haben zum Beispiel einen Elektriker aus Slangerup bestellt, und er kam nicht. Wir haben auf Umwegen erfahren, daß er eines Tages hier war, auf den Hof fuhr und schnellstens wieder wegfuhr, weil er so ein Haus nicht betreten wollte. Das war zu einer Zeit, als es hier noch schlimmer aussah. Er hat ganz einfach gedacht, daß solche Leute wie wir nicht bezahlen könnten.

RUTH: Ich habe auch gehört, daß der frühere Besitzer des Hauses große Bedenken gegen den Verkauf an uns gehabt haben soll, weil er um sein Geld Angst hatte. Aber sonst gibt es mit den Nachbarn keine Schwierigkeiten. Wir sind auch Mitglied des Elternbeirats in der Schule und haben die Versammlungen besucht. Außerdem sind wir zum Erntefest im Gemeindeverein gewesen und haben einige von der Gemeinde getroffen.

HENRIK: Wir sind auch gebeten worden, im Winter an einem Abendkurs der Volkshochschule teilzunehmen. Das Thema ist, ob Provokationen zur Beschleunigung der gesellschaftlichen Entwicklung in der modernen Gesellschaft notwendig sind. Wir werden über Kommunen und ähnliches referieren. Dann ist da ein Hausfrauenverein, der gern mit dreißig Damen hierherkommen möchte und uns selbst ein Thema vorschlagen wird. Der häufigste Wunsch war bisher, eine Großfamilie zu besuchen. Daran sind die Grünen Witwen aus den Randgebieten Kopenhagens sehr interessiert, und wir haben es ihnen erlaubt. Dann haben viele von uns aushilfsweise an Schulen in der Umgebung unterrichtet. Das bedeutet automatisch Kontakte, weil man mit den Kindern spricht, die uns nach dem Leben in einer Kommune fragen und zu Hause davon erzählen, und sich im Lehrerzimmer mit den Lehrern unterhält, die ebenfalls furchtbar interessiert sind. Das führt alles dazu, daß wir irgendwie in das Milieu hier am Ort hineingedrängt worden sind, und die Leute hier wissen alle von unserer Existenz, und sie nehmen uns gegenüber eine neugierige und freundliche Haltung ein. Wir haben überhaupt keine direkten Feindschaften erlebt.

ELSE MERETE: Wir haben darüber gesprochen, ein Fest mit den Nachbarn zu veranstalten, und ich hoffe, daß es dazu kommt. Es wäre sehr schön, auch für die Kinder und die Kinder der Nachbarn, wenn sie wissen, daß sie hierherkommen können, was ja ein Problem gewesen ist. Die Kinder sind hier ziemlich isoliert, weil es nicht so viele Gleichaltrige gibt.

HENRIK: Das ist auf dem Land ein allgemeines Problem. Die Entfernung zu den Nachbarn ist zu groß.

ELSE MERETE: Für die Kinder war es in der Stadt viel spannender. Sie werden ganz verrückt, wenn wir in die Stadt fahren wollen.

HENRIK: Viele von uns hatten wohl ziemlich große Freundeskreise, und die sind jetzt etwas kleiner geworden. Jetzt besuchen uns nur noch die engsten Freunde, und wir haben auch in den Freundeskreisen der anderen neue Freunde gefunden.

ELSE MERETE: Im Sommer war es reichlich frustrierend, als es hier von Leuten wimmelte, von denen man nur die Hälfte kannte. Daher bin ich auch ziemlich zurückhaltend damit gewesen, meine Freunde einzuladen, weil es schön sein sollte, wenn sie kamen.

HENRIK: Das hängt auch damit zusammen, daß es ein phantastisch schöner Sommer gewesen ist, und wir hier auf dem Lande nicht allzu weit von Kopenhagen wohnen. Eine Menge Leute sind aus reiner Neugierde gekommen, nur um zu sehen, wie es ihren Freunden geht und um hier auf unserem Rasen in der Sonne ein Wochenende auf dem Lande zu verbringen. Die Leute hielten die Kommune fast für ein Hotel, und das war weniger angenehm.

RUTH: Das größte Problem war es wohl, wenn hier jemand ankam, den niemand kannte. Zum Beispiel kam einmal eine Gruppe Amerikaner, die etwas über Kommunen wissen wollte.

HENRIK: Im Sommer wurde es so schlimm, daß wir beschlossen, niemand dürfe kommen, der sich nicht vorher telefonisch angemeldet hat. Das hing auch mit praktischen Schwierigkeiten wie dem Einkauf von Lebensmitteln zusammen. Jetzt kommen weniger Leute, aber im Winter führen wir eine Politik der offenen Tür.

ELSE MERETE: Ich finde, daß die Leute, die hierherkommen, meist eng mit uns verbunden sind.

HENRIK: Als ich in der Gruppe anfing, waren viele meiner engsten Freunde dabei. Einige sind seither abgesprungen, und ich habe eine neue Gruppe gefunden, die zu meiner Primärgruppe geworden ist. Das trifft auch für Else Merete zu. Deshalb sind auch viele Entwicklungen langsam verlaufen, weil die Leute hier den Platz einnehmen sollten, den früher andere ausfüllten.

Else Merete: Ich finde es gut, daß es hier so viele Leute gibt, mit denen man sich versteht, so daß man nicht auf Außenkontakte in diesem Maße angewiesen ist.

Schwierigkeiten

Henrik: Eine der größten Schwierigkeiten war es, in der Gruppe das gleiche Sicherheitsgefühl erleben zu können, wie ich es selbst aus meinem Paarverhältnis kannte. Ich bin davon ausgegangen, daß es einfach gewisse Gefühlsqualitäten gibt, die ich brauche und die ich als absolute Werte betrachte. Daher habe ich die Kommune danach beurteilt, welche dieser emotionalen Werte hier verwirklicht werden können. Ich glaube, daß die Bedürfnisse, die man in einem Paarverhältnis befriedigen kann, sich auch in der Kommune erfüllen lassen.

Else Merete: Ich halte die Entfernung von Kopenhagen für eine der größten Schwierigkeiten; man verbraucht einfach zuviel Zeit im Zug.

Ruth: Als wir damit anfingen, an eine Kommune zu denken, sollte es nicht zu einem Arbeitskollektiv werden, sondern einfach ein Haus sein, in dem wir uns in unserer Freizeit aufhalten können. Man muß sich aber darüber im klaren sein, daß es viel mehr Zeit erfordert, in einer Kommune zu leben als in einer herkömmlichen Familie. Nicht praktische, sondern soziale Zeit, sonst kann die Sache nicht laufen.

Else Merete: Es ist ein Vorteil, daß immer Leute da sind, mit denen man gern zusammen ist, und außerdem kann man allein sein, wenn man das lieber will.

Ruth: Es ist sehr schön, so viele Menschen um sich zu haben, weil man sich selbst so geben kann, wie man es vielleicht viele Jahre nicht gekonnt hat, denn jetzt gibt es die anderen, die etwas aus mir herausholen können. Ich fasse die Kommune als eine Art Potenzierung der Möglichkeiten auf. In einem Paarverhältnis erstarrt das Leben sehr leicht, und es ist sehr schwer, etwas Neues auszuprobieren, oder sich selbst neu zu sehen. Dafür bietet die Kommune eben Möglichkeiten.

Else Merete: Was mich betrifft, so finde ich, daß bis jetzt alle Erwartungen übertroffen worden sind. Bevor wir einzogen, hatte ich nicht sehr hohe Erwartungen, aber jetzt freue ich mich immer mehr darüber, hier zu wohnen. Ich glaube an unsere Gemeinschaft und bin in der Beziehung sehr optimistisch.

Ruth: Ich war auch ziemlich pessimistisch eingestellt, bevor wir einzogen. Ich hatte Streitigkeiten sowohl über Kleinigkeiten als auch über große und wichtige Dinge erwartet. Es hat mich aber sehr überrascht, daß wir uns einigen konnten und daß ich mich sehr schnell wohl fühlte unter all den Menschen, mit denen man sprechen konnte. Ich habe mich auch innerhalb der Gruppe sicher gefühlt, und das finde ich sehr schön, zumal ich das nicht erwartet hatte.

ELSE MERETE: Ein gewisses Sicherheitsgefühl ist einfach notwendig, wenn man experimentieren will, vorausgesetzt, daß man noch nicht so tief im Morast steckt, daß es, egal was man tut, nur besser werden kann.

RUTH: Es ist sehr wichtig, diese Sicherheit mit Herausforderungen zu verbinden, damit die Leute nicht im Alltag eingeschläfert werden, wozu wir manchmal neigen. Man kann nicht damit rechnen, daß die Kommune alle privaten Probleme des einzelnen zu lösen vermag. Auf diese Art der Sicherheit darf man sich nicht verlassen.

ELSE MERETE: Die Entscheidung, in eine Kommune zu ziehen, erfordert in gewisser Hinsicht eine bestimmte Stabilität der eigenen Persönlichkeit, damit man nicht auf den Rest der Kommune als Stütze angewiesen ist. Natürlich kann es einem in bestimmten Perioden schlechtergehen, und dann kann einem von den anderen geholfen werden. Wenn jemand aber immerzu auf die Hilfe der Gruppenmitglieder wartet, ohne selbst etwas geben zu können, dann sollte man nicht in eine Kommune ziehen.

RUTH: Man kann nicht experimentieren, wenn die Leute nur herumsitzen und andauernd zutiefst deprimiert sind.

HENRIK: Ich glaube, das hängt sehr mit den verschiedenen Persönlichkeitstypen zusammen. Irgendwie sind wir alle durch eine Menge harter Individualisten geprägt, das sind Leute mit sehr starkem Willen, die, obwohl sie alle sehr diffuse Ziele verfolgen, genau wissen, was sie wollen. Es gibt ein Bedürfnis nach Ruhe und Sicherheit, gleichzeitig aber auch ein Bedürfnis nach dem Gegenteil, und das bringt es mit sich, daß die Ruhe nie sehr lange anhält. Ich glaube, es gibt Perioden, die wie Wellen verlaufen: Man macht ein kleines Experiment, das vielleicht auch glückt, und man richtet sich in diesem neuen Stadium ein. Eine Zeitlang bleibt dann alles unverändert, bis man davon genug hat. Die Schwierigkeiten zeigen sich im täglichen Leben bei den ganz praktischen Dingen: Wie soll man sich zueinander verhalten, wie soll man die Probleme der Kommune auf längere Sicht lösen? Das geschieht alles in so kleinen Schritten, das es schwerfällt, sie einzeln aufzuzählen.

ELSE MERETE: Etwas sehr Positives an dieser Gruppe ist der Eindruck, daß sie kaum stagnieren wird. Es gibt so viele interessante Ansatzpunkte bei den verschiedenen Leuten, und ich kann mir nicht vorstellen, daß diese Gruppe in einen täglichen Trott verfallen wird.

Else Merete: Wenn wir irgendeine From von Arbeitsteilung einführen könnten, würde das auch bedeuten, daß wir viel mehr Zeit hier im Haus verbringen können, denn wir haben Leute aus sehr vielen Arbeitsbereichen.

Henrik: Wir haben zum Beispiel darüber gesprochen, daß dreieinhalb Hektar Land ausreichen, um eine Gärtnerei aufzumachen, vielleicht eine Spezialgärtnerei, in der einige von uns ihren Lebensunterhalt verdienen könnten, und einige von uns hätten wohl auch Lust dazu. Wir haben auch daran gedacht, das Land für einen anderen Zweck zu verwenden, wenn es möglich sein wird, den Bebauungsplan für dieses Gebiet zu umgehen. Das Gebiet liegt jetzt in der Außenzone Kopenhagens, und nach den jetzigen Plänen, die für zwanzig Jahre aufgestellt sind, bleibt es Außenzone. Wir haben auch daran gedacht, eine Experimentalgesellschaft aufzubauen, eine experimentelle Kommune in einem größeren Rahmen zu versuchen, das heißt eine Kommune, die aus Kommunen besteht, die wiederum aus einzelnen Kommunen bestehen. Es könnte dadurch ein Schichtenmodell von Kommunen mit einer Funktionsaufteilung entstehen. In diesem Modell könnte zum Beispiel eine Kommune, die kleiner ist als unsere, als Gruppeneinheit eingesetzt werden, als nächste Einheit käme dann eine Kommune, die zwei- bis dreimal so groß ist wie unsere. Eine sehr große Kommune hätte als oberste Einheit die Verfügungsgewalt über das gesamte Gelände. Darüber haben schon vier oder fünf Leute von uns gesprochen, bevor wir hierherzogen. Wir hatten Pläne, hier einmal eine Hochschule zu errichten, eine sozialistische revolutionäre Hochschule, die wir hier auf dem Gebiet, das knapp 40 000 Quadratmeter umfaßt, errichten könnten, wenn wir das Geld hätten und durch die jetzigen Gesetze gefördert und finanziell unterstützt werden könnten. Zwei von uns sind im Zentralkomitee der VS[1], und die Parteimitglieder, die wir haben, sind auch bei der VS. Die übrigen werden sicher auch für diese Partei stimmen. Bis zur letzten Wahl haben wir es jedenfalls getan, es kann natürlich sein, daß wir uns etwas anderes einfallen lassen.

Else Merete: Die eigentliche Revolution ist die der Beziehungen unter uns und die, unsere Kinder richtig zu erziehen.

Henrik: Es ist natürlich sehr die Frage, inwieweit verschiedene Rollenstrukturen und verschiedene Wertnormen, zum Beispiel bei der Sexualität oder dem Umgang mit Geld, für die Gesellschaft als solche notwen-

1 VS = Venstresocialisterne (Linkssozialisten), Splittergruppe der Sozialistischen Volkspartei (SF), nach den Wahlen vom September 1971 nicht mehr im Folketing vertreten. (Anm. d. Hg.)

dig sind. Dann kommen noch die Fragen hinzu, ob man an Kommuneformen denkt, die, was die Einstellung zu diesen Dingen angeht, mehr oder weniger unserer entsprechen, und ob man sich überhaupt vorstellen kann, daß diese Einstellungen sich so weit verbreiten können, um die allgemeine Einstellung zum Geld, zur Sexualität und zu den Gefühlen zu beeinflussen. Das kann man zwar alles sehr schön bereden, aber ob es sich verwirklichen läßt, kann man nicht abschätzen. Ich weiß nicht, wie es werden wird. Ich habe auch keine Vorstellungen davon, ob ich den Rest meines Lebens in einer Kommune verbringen werde. Ich versuche, hier bei uns etwas zu investieren, was aber dabei mit mir geschieht, überlasse ich dem Schicksal.

RUTH: Das würde ich auch sagen. Ich denke jedenfalls nicht daran, die Kommune zum jetzigen Zeitpunkt aufzugeben.

ELSE MERETE: Im Augenblick könnte ich mir nicht vorstellen, in anderen Verhältnissen zu leben, als in irgendeiner Form von Kommune, wo es nicht mindestens zwei Erwachsene gibt.

HENRIK: Der Grund dafür, daß es uns schwerfällt, über Zielvorstellungen zu reden, liegt in einer gewissen Schamhaftigkeit, die sich auch dann zeigt, wenn wir Journalisten zu Besuch haben. Dann trauen wir uns nicht so recht, etwas zu sagen, weil wir uns gezwungen fühlen, eine Salve schöner politischer Phrasen abzufeuern mit einer Aufzählung aller Dinge, die wir erreichen wollen und die im Grunde meilenweit vom Alltag entfernt sind, in dem wir uns hier bewegen. Unser Alltag ist von den verhältnismäßig kleinen Problemen geprägt, die wir kaum bewältigen können. Einerseits könnten wir persönliche Meinungen zu Problemen der Gruppe und der einzelnen Mitglieder abgeben – aber das interessiert vielleicht gar nicht so sehr –, andererseits könnten wir auch eine Unmenge von schönen Theorien über das vortragen, was wir gerne sein wollen, und das würde sich dann alles ziemlich überheblich anhören, weil dann natürlich nur die «richtigen» Meinungen aufkommen würden.

Ich persönlich glaube, daß die Kommune als solche sehr lange bestehen wird, länger als drei bis vier Jahre. Die Zusammensetzung der Gruppe wird sich vielleicht verändern. Ich würde es vorziehen, wenn wir nur zehn Erwachsene und die Kinder wären; ich finde vierzehn ist zuviel, gerade weil wir Randpersonen und Cliquen verhindern und möglichst viel miteinander zu tun haben wollen, und da könnte die große Zahl zu einer Belastung werden. Es würde mich nicht wundern, wenn schließlich vier ziemlich integrierte Kleinfamilien hier wohnten, das heißt eine Großfamilie, die aus fest organisierten integrierten Gruppen besteht. Das finde ich an und für sich nicht negativ, und man kann sich gerade vorstellen, daß die Leute es auch mit einer kleineren Mitgliederzahl schaffen, das Haus zu behalten, wenn sie erst mehr Geld verdienen. Ich glaube ganz bestimmt, daß es unter diesen Kleinfamilien eine vertiefte gefühlsmäßige, intellektuelle und erotische Kommunikation geben wird als draußen in der Gesellschaft – sonst gäbe es keinen Grund, hier zu sein.

Interview mit der Trørød-Kommune

Versteckt hinter einer hohen Hecke und einigen Bäumen liegt ein ehemaliges Kloster. Um den ersten Stock des Hauses läuft eine Art Balkon, von dem aus man den Garten und den Wald dahinter überblicken kann. Das ganze Anwesen wurde im Oktober 1968 von einer Kollektivgruppe gekauft. Die kleinen Zellen wurden als Einzelzimmer eingerichtet und die größeren Räume als Gemeinschaftszimmer, so daß ein großer Arbeitsraum, ein Aufenthaltsraum, eine Bibliothek, ein Eßraum und eine Küche entstanden. Der größte Raum, die Kapelle, ist noch nicht für einen bestimmten Zweck eingerichtet.

Zur Zeit wohnen dort elf Erwachsene und zwei Kinder. Das Kloster liegt fünfzehn Kilometer nördlich von Kopenhagen, die Gruppe besitzt zwei Autos, damit die Gruppenmitglieder zur Arbeit nach Kopenhagen fahren können.

Die Gruppe: Bo (35), Diplompsychologe, Vater von Martin (4). Peter (22) studiert Chemie. Birthe (22) studiert Psychologie. Karsten (22) studiert Psychologie. Kurt (28) studiert Volkswirtschaft und ist mit Anne Lise verheiratet. Anne Lise (26) ist Pharmazeutin und Mutter von Pia (1). Søren (27) studiert Soziologie. Lisbet (24) wird Sozialhelferin. Ole (23) studiert Psychologie. Agnete (27) und Lisbeth (24) studieren Psychologie.

Der Anfang

KARSTEN: Alles fing Ostern 1968 bei einem Sensitivitätskurs an. Dort trafen sich die meisten von uns. Nach solch einem Kurs ist man sehr gern zusammen und läßt sich gemeinsame Aktivitäten einfallen. Das zeigte sich dann bei einer Versuchskommune in Hvidovre, wo wir für drei Wochen ein Reihenhaus mit drei Zimmern gemietet hatten. Wir waren acht bis zehn Leute vom Kurs und versuchten, kollektiv zu leben.

BIRTHE: In den drei Zimmern hausten zehn Mann, während wir an der Uni Prüfungen ablegten. Ich fand, alles lief prima.

KARSTEN: Ja, es war ein enormer Erfolg. Eines abends kam Sten Martini, und er kannte Kurt und Lise, die schon lange nach Leuten gesucht hatten, mit denen sie in eine Kommune ziehen wollten. Sie kamen dann ein paar Tage später nach Hvidovre und sprachen mit uns, ob wir daran interessiert wären, etwas Dauerhaftes aufzubauen. Kurt hatte gerade ein Haus an der Hand. Wir haben es uns auch angesehen, konnten uns aber noch nicht entscheiden, weil wir uns erst an die Idee gewöhnen mußten, aber das war wohl der Anfang unserer Kommune.

BIRTHE: Dann kam eine Periode, wo wir nicht ganz zehn Leute waren und die Gruppe offen hielten, weil wir gern neue dazu haben wollten. Die Gruppe war also immer noch offen für die Leute, die beim Kurs mitgemacht hatten. Wir dachten nicht sehr konkret daran, wer nun eigentlich dazu passen würde. Die Leute vom Sensivitätskurs paßten aber von vornherein dazu, weil sie das Gruppenleben ja kannten.

KARSTEN: Es war selbstverständlich, daß von den Kursteilnehmern alle mitmachen konnten, die dazu Lust hatten – bis wir etwa vierzehn Leute waren. Später stellte sich heraus, daß auch zwei Kursleiter mitmachen wollten.

PETER: Das Wesentlichste war, ein Haus zu finden, wo wir zusammen wohnen konnten. Ob Kauf oder Miete, das war damals noch nebensächlich.

BIRTHE: Die Idee, ein Haus zu kaufen, kam mit Kurt und Lise, denn davor hatte es uns nur Spaß gemacht, zusammenzuwohnen.

KARSTEN: Bei mir war es die Versuchskommune, die mich überzeugt hat.

BIRTHE: Ja, aber damals hatten wir ja noch gar nicht die Möglichkeit in Betracht gezogen, auch für längere Zeit zusammen zu bleiben.

KARSTEN: Das stimmt.

BIRTHE: Ich finde aber, daß die Tatsache, daß wir kein eigentliches Ziel haben, die Gruppe schon immer geprägt hat. Wir haben nie eine Zielvorstellungsdebatte geführt. Was wollten wir im Grunde mit unserer Kommune? Wir wollten nur zusammen sein können und es uns gutgehen lassen. Es gab keine Diskussionen darüber, wie wir alles anfangen sollten.

KARSTEN: Ich finde, wir haben ziemlich viel über Kinder geredet. In dieser Beziehung hatte wohl jeder eigene Vorstellungen von der Gemeinschaft.

PETER: Aber es war alles irgendwie nicht sehr lebensnah.

Kinder

KARSTEN: Was mich betrifft, so haben die Kinder sowohl Probleme als auch Vorteile gebracht. Mehr Probleme eigentlich.

BIRTHE: Ja, sie haben uns eine Menge Probleme aufgehalst. Ich glaube auch, daß die Probleme mit den Kindern Probleme unter den Erwachsenen ausgelöst haben, und die Probleme zwischen den Erwachsenen haben Probleme unter den Kindern geschaffen. Wenn unter den Erwachsenen irgendeine Feindschaft herrschte, so nahm man auch von den Kindern Abstand. Theoretisch gibt es wohl keine Streitigkeiten darüber, wie die Kinder erzogen werden sollen, nur im täglichen Leben tauchen Differenzen darüber auf, wie die einzelnen Eltern gerade mit ihren Kindern umgehen.

KARSTEN: Wir haben nicht sehr viel über unser Verhalten den Kindern gegenüber geredet, aber sie werden auf allen Hausversammlungen diskutiert. Es ist aber eher ein Problem, daß sich einige nicht mit den Kindern beschäftigen möchten oder daß man sich jeden Tag wegen der Kinder aufregt.

PETER: Anfangs gab es einige, die selbst keine Kinder hatten, aber sich vorstellten, daß sie gerne mit Kindern zusammen sein wollten. Das gibt es jetzt meiner Meinung nach nicht mehr, der gute Wille ist auf beiden Seiten verschwunden. Jetzt sieht die Realität so aus, daß man zuwenig darüber weiß, was wir auf längere Sicht erreichen wollen, weil man zu sehr mit notwendigen Dingen beschäftigt ist, damit das Ganze überhaupt läuft.

BIRTHE: Eine Zeitlang waren es ganz allein die Eltern, die sich um die Kinder kümmerten, aber ich meine, eine Tendenz festgestellt zu haben, die davon wegführt. Wenn hier fremde Leute mit Kindern vorbeikommen, ist man natürlich sehr hilfsbereit, weil man ja in einer Kommune lebt und sich gegenseitig helfen will. Kaum fängt der Alltag wieder an, schon gibt es so viele andere Dinge, mit denen man sich beschäftigen möchte, wenn man kein bestimmtes Verhältnis zu den Kindern hat. Mit der Zeit finde ich aber, speziell bei Pia, die jetzt eineinhalb Jahre alt ist, daß man sich gerne mit ihr beschäftigt. Sie ist nicht mehr dieses kleine rote Baby, das sich immer wieder naß macht. Jetzt beschäftigen sich auch die anderen mehr mit ihr, ganz einfach, weil es schön ist, mit ihr zusammen zu sein.

PETER: Kinder bedeuten Leben. Sie sind spontan, und man kann auch ihnen gegenüber spontan sein, mit ihnen albern sein und mit ihnen spielen, nur so aus Spaß.

BIRTHE: Pia geht es jedenfalls gut. Sie ist auch Fremden gegenüber offen, es ist fast gleichgültig, wer gerade im Haus ist. Sie verschließt sich nicht, wenn Fremde da sind.

KARSTEN: Bei Martin ist die Situation wohl schwieriger, weil er ein instabiles Verhältnis zu seinem Vater hat, der oft nicht da ist, und weil er hier keine Mutter hat. Es hat viele Schwierigkeiten gegeben. Vielleicht könnte er bei einigen Mädchen hier eine Art Muttterersatz finden, bis jetzt ging das aber nicht sehr gut. Er hat eigentlich zu niemandem ein festes Verhältnis aufnehmen können.

KARSTEN: Als wir das Haus kaufen wollten, gab es unheimliche Schwierigkeiten mit der Gemeinde, die erst erlauben mußte, daß das Haus einen öffentlichen Zweck erfüllen sollte. Der frühere Besitzer hatte schon drei oder vier Jahre lang versucht, das Haus zu verkaufen, weil die Gemeinde es immer wieder verhindert hatte, denn es gab die Bestimmung, daß nur ein Viertel des Hauses gewerblich genutzt werden durfte, und auch wegen des Bebauungsplans hatten sie etwas einzuwenden. Deshalb konnte die Gemeinde nicht noch einmal «Nein» sagen, als wir das Haus kaufen wollten und einen angemessenen Zweck nachweisen konnten. Wir mußten schließlich eine Erklärung unterschreiben, die ins Grundbuch eingetragen wurde. Sie besagte, daß wir die Nachbarn nicht belästigen und den Garten instand halten würden. Auf diese Weise hatte sich die Gemeinde abgesichert, daß es nette Leute sind, die ins Haus einzogen. Es gab schon einige hitzige Verhandlungen; wir hatten auch einen von uns bestellten Rechtsanwalt, der im Planungsausschuß der Gemeinde dazu Stellung nahm.

BIRTHE: Das Haus kostete 400 000 Kronen, 50 000 Anzahlung. Wir waren vierzehn, jeder bezahlte 5000 Kronen, und so hatten wir 20 000 übrig, die wir für den Anwalt, Gebühren, Instandsetzung, Tiefkühltruhe und Ölheizung ausgaben. Es ist so geregelt, daß wir alle solidarisch haftbar sind. Der Vorteil dieser solidarischen Haftung ist unmittelbar nur der, daß die Urkundengebühr für den Staat, die beim Hauskauf anfällt, halbiert wird. – Die festen Ausgaben betragen jährlich 40 000 Kronen, einschließlich Licht und Heizung. Früher bezahlten wir alle den gleichen Betrag, 300 Kronen im Monat, jetzt haben wir aber abgemacht, daß diejenigen, die wenig Geld haben, weniger bezahlen.

KARSTEN: Für das Essen bezahlt jeder 200 Kronen im Monat. Einige bezahlen monatlich 1000 Kronen, um hier zu wohnen. Dazu kommt noch die Monatskarte für den Zug nach Kopenhagen, die kostet 77 Kronen.

BIRTHE: Zur Zeit sind wir elf Leute hier. Wenn wir dreizehn oder vierzehn wären, würde die Miete für den einzelnen niedriger werden.

KARSTEN: Wir haben keine gemeinsame Wirtschaft und haben es auch noch nicht diskutiert. Ich glaube, daß es eher zu einer Belastung für die Kommune werden würde als zu einem Vorteil. Wir würden uns wohl sehr darüber streiten, wofür das Geld ausgegeben werden soll.

BIRTHE: Bei der letzten Hausversammlung gab es einige Vorschläge, die auf das gemeinsame Wirtschaften hinzielten. Wir sprachen darüber, daß jeder nach seinem Verdienst bezahlen sollte, weil einige nur den normalen Stundenlohn von 13 bis 14 Kronen die Stunde bekommen, während andere bis zu 70 und 80 Kronen in der Stunde verdienen.

KARSTEN: Es gibt wesentliche Unterschiede beim Einkommen der verschiedenen Leute. Einige leben vom «Ungdommens Uddannelsesfond»[1], andere haben nur schlecht bezahlte Arbeit, und dann gibt es einige, die an den Hochschulen unterrichten und natürlich sehr viel mehr verdienen. Diese Unterschiede sind aber nicht Anlaß für Konflikte gewesen. – Bei der letzten Hausversammlung haben wir die Regel, daß auch für die Kinder Verpflegung bezahlt wird, abgeschafft, wenn man ein zusätzliches Zimmer braucht, wenn man ein Kind hat, dann zahlt man nur für das Zimmer.

FRAGE: Welchen Einfluß hat die Kommune auf den allgemeinen Konsum gehabt?

PETER: Ich gebe nur Geld aus, wenn ich in die Stadt gehe, und das kommt selten vor. Als ich noch gearbeitet habe, habe ich in der Stadt viel Geld für Zigaretten, Süßigkeiten usw. ausgegeben. Jetzt, wo ich zu Hause bin und studiere, ist mein Konsum sehr viel kleiner geworden.

KARSTEN: Ich glaube, wir sind, was den allgemeinen Konsum betrifft, sehr sparsam, auch bei der Kleidung. Die Ausgaben sind alle nicht sehr hoch.

BIRTHE: Ich glaube, der Shit-Verbrauch ist auch kleiner geworden.

KARSTEN: Nein, mein Verbrauch an Tabak und Shit ist sehr konstant geblieben. Es gibt hier im Haus zwei Leute, die Bier trinken. Sie trinken wohl so an die dreißig Flaschen im Monat. Die anderen etwa sechs. Das ist nicht sehr viel.

BIRTHE: Wir kaufen auch sehr viel auf einmal ein. Wir kaufen nämlich direkt beim Großhandel. Heute haben wir gerade tiefgefrorene Waren für einen ganzen Monat eingekauft. Wir haben dabei 556 Kronen ausgegeben und etwa 30 Prozent gespart. Aufschnitt kaufen wir selten in größeren Mengen ein.

KARSTEN: Einige Sachen, wie zum Beispiel Butter, würden enorm schnell aufgegessen werden, wenn wir so viel auf einmal kaufen.

BIRTHE: Auch Schinken und etwas teurere Sachen. Deshalb gibt es so etwas relativ selten und wir leben relativ billig. Normalerweise gibt es nur einfache Wurst, Leberwurst, Marmelade und Käse.

FRAGE: Fahrzeuge?

KARSTEN: Wir haben drei Autos, die aber jeweils in Privatbesitz sind.

BIRTHE: Bos Auto kann von allen benutzt werden, sofern er es nicht selbst braucht. Man darf das Auto nehmen, wenn es hier ist und man überzeugt ist, daß Bo nicht vorhat, irgendwo hinzufahren.

1 Ungdommens Uddannelsesfond ist eine staatliche Studienförderung, die etwa dem «Honnefer Modell» entspricht, nur sind die Beträge höher. (Anm. d. Hg.)

KARSTEN: Kurts und Lises Auto sind fast genauso öffentlich wie Bos. Lisbeths ist schon etwas privater.

Gäste

FRAGE: Bedeuten Gäste eine Belastung für die wirtschaftliche Situation der Kommune?

KARSTEN: Wir nehmen unseren Gästen Geld ab, 3,50 für ein Mittagessen und 7 Kronen, wenn sie hier übernachten. Dadurch tauchen kaum Probleme auf, wenn jemand hier Besuch hat. Das haben wir schon von Anfang an so gehalten.

BIRTHE: Derjenige, der hier besucht wird, kann auch selbst bezahlen, wenn er seinem Gast kein Geld abnehmen möchte. Auf diese Weise ist es ganz gutgegangen.

KARSTEN: Es ist nicht so sehr das Geld, das Probleme auslöst, es ist eher die Frage, wie viele Gäste wir aufnehmen wollen, welche Gäste, und ob es unter den Gästen und den einzelnen Kommune-Mitgliedern eventuell Unstimmigkeiten gibt usw. Wenn Gäste hierherkommen, können sie in der Regel machen, was sie wollen. Es gibt einige, die ihren Gästen gute Gastgeber sind und sie glücklich durch die Kommune schleusen. Andere Gäste, die hier wenig Leute kennen und nur als Gäste des Hauses kommen, müssen sich eben selbst unterhalten, und es wird für sie nicht besonders viel unternommen.

PETER: Ich finde, daß wir manchmal den Gästen gegenüber nicht offen genug sind, aber ich sehe auch die Probleme, die damit zusammenhängen. Es sind insbesondere die Leute mit Kindern, die gerne wenig Gäste haben wollen, damit hier nicht alles durcheinanderläuft.

BIRTHE: Wir haben dann so argumentiert, daß wir lieber unsere Energie dafür einsetzen wollen, miteinander zu reden, anstatt mit Besuchern herumzusitzen und zu diskutieren. Andererseits ist es oft so, daß gerade, wenn Gäste hier sind, etwas Wichtiges los ist. Wenn uns manchmal der Alltag richtig gepackt hat, und wir nichts Rechtes mit uns anfangen können, dann kommen vielleicht einige Leute und finden, daß wir etwas Gemeinsames unternehmen sollen, und meistens wird das auch wirklich schön. Wenn man in eine Kommune zieht, verliert man viele seiner früheren Beziehungen, das läßt sich nicht vermeiden.

PETER: Es ist die Frage, wie groß die Kontaktfähigkeit des einzelnen ist, und manchem fällt es schwer, mit zehn bis zwöllf Leuten auf einmal in Kontakt zu kommen. Wir haben so eine eigene kleine Luxuskultur, durch die auf die Dauer auch enge Freunde als «fremd» aufgefaßt werden können. Es ist wohl kaum zu verhindern, daß man in einer Gruppe sich einen eigenen Stil anschafft.

BIRTHE: Es gibt drei Paare innerhalb der Kommune: Ask und Lisbeth, Kurt und Lise, Karsten und mich.

PETER: Und dann gibt es zwei Leute, die mit zwei anderen von der Gadevang-Kommune Paare bilden, und schließlich drei, die zur Zeit nicht in einem Paarverhältnis engagiert sind.

KARSTEN: Wir haben das Thema der freien Verhältnisse unter allen Kommune-Mitgliedern ziemlich oft diskutiert. Es gab vier Leute, die schon von Anfang an meinten, daß vollständig freie Verhaltensformen unter allen als Zielvorstellung sehr attraktiv seien, aber daraus ist nicht viel geworden. Es hat auch zwischen den verschiedenen Paaren wenig sexuelle Aktivität gegeben. Wir haben einmal geschätzt, daß etwa zwanzigmal ein Beischlaf außerhalb eines Paarverhältnisses stattgefunden hat, seitdem die Kommune existiert.

BIRTHE: Es stellte sich heraus, daß es nur einen gab, der nicht mit mindestens einem anderen Mitglied der Kommune geschlafen hatte. In einer Kommune ist es viel schwieriger, ein einmal begonnenes Paarverhältnis aufzulösen als draußen. Denn in dem Augenblick, wo man ein Paarverhältnis auflöst, riskiert man, daß man es doch nicht aushält, täglich miteinander zu tun zu haben, das heißt, man verliert nicht nur einen Partner, sondern auch eine Kommune.

PETER: Wir haben auch darüber gesprochen, daß ein Paar, das sexuell miteinander verbunden ist, auch auf anderen Gebieten sehr viele Gemeinsamkeiten hat. Es verbringt mehr Zeit zusammen und es unternimmt viel gemeinsam, was vielleicht auch mit anderen Personen aus der Kommune unternommen werden könnte. Aber aus irgendeinem Grund scheuen die Paare davor zurück. Vielleicht wollen sie ihre Zeit zusammen verbringen, oder sie haben Angst, sich zu verlieren. Es können Eifersuchtserscheinungen gegenüber einer Gruppe oder gegenüber der Kommune als solche auftreten. Die Isolierung der Paare hat uns vor Probleme gestellt. Unser Zeitplan ist sehr knapp. Zur Zeit sind tagsüber fast alle abwesend. Dadurch bleibt zuwenig Zeit über, die man gemeinsam verbringt. Einige sondern sich aber noch mehr ab, als es im Verhältnis zum Zeitplan notwendig wäre. Es kann sein, daß es da Konflikte gibt, so daß sie keine Lust haben, mit den anderen zusammen zu sein.

KARSTEN: Es gibt auch Unterschiede in den Lebensgewohnheiten. Die zwei machen sich eben nichts aus lauter Beatmusik und dem Shit-Rauchen, wie es in dem großen Zimmer fast zur abendlichen Gewohnheit geworden ist.

BIRTHE: Wir hatten bis vor kurzem einen Beatklub, der aus Einzelmitgliedern und Karsten und mir als Paar bestand. Als dann die «Einzelwesen» ausschwärmten und andere Partner suchten, löste sich der Beatklub praktisch auf. Da einige Leute ihr Kontaktbedürfnis im Paarverhältnis befriedigen können, entsteht bei den Einzelgängern ein ungestilltes Kontaktbedürfnis, das sie zu befriedigen suchen, wenn sie abends lange aufbleiben und miteinander diskutieren. Im Laufe des Sommers haben nun mehrere in oder außerhalb der Kommune einen Partner gefunden, mit dem man sich eben mehr beschäftigt, und plötzlich hat sich das abendliche Treiben in dem großen Zimmer bedeutend gelegt. Das spüren wir jetzt.

KARSTEN: Wir haben eigentlich nie über Experimente mit den Paarverhältnissen gesprochen. Ein paarmal haben wir vorgeschlagen, einmal zusammen zu schlafen, nur um es einmal zu versuchen. Daraus ist aber nie etwas geworden.

BIRTHE: Das bedeutet auch, daß es bei uns kaum Eifersuchtsprobleme gibt, die sich für die Kommune sehr negativ auswirken könnten. Es gibt schon so Probleme genug. An und für sich würden wir alle gerne etwas Radikales unternehmen, aber dazu sind wir alle wohl zu sehr von unserer Erziehung her beeinflußt. Deshalb versuchen wir auch gar nicht, so etwas wie eine allgemeine sexuelle Verbindung der Gruppe zu schaffen, weil wir das sowieso nicht verwirklichen könnten.

KARSTEN: Ich glaube nicht, daß es eine moralische Frage ist, nur können wir uns schwer an einen solchen Gedanken gewöhnen. Ich selbst kann daran nichts Anstößiges entdecken, und es könnte vielleicht auch ganz gemütlich sein, aber irgendwie scheue ich mich doch davor, weil ich mit einer solchen Situation nichts anzufangen wüßte.

Hausordnung und Geschlechterrollen

BIRTHE: Abwaschen und Kochen wird hier nach dem Freiwilligkeitsprinzip geregelt. Wir haben eine Liste, in der wir uns eintragen können. Die Liste bedeutet aber, daß die Freiheit des einzelnen etwas eingeschränkt wird, weil man ja sehen kann, wer zuwenig tut. Wer sein Zeichen nicht auf der Liste stehen hat, muß etwas aktiver werden. Was das Saubermachen angeht, so haben wir die Samstagsregel: Alle sind bis zehn Uhr aufgestanden und bringen gemeinsam die von allen benutzten Räumlichkeiten in Ordnung. In seinem Zimmer kann jeder tun und lassen, was er will.

PETER: Wir haben in gewissen Dingen eine Arbeitsteilung eingeführt, zum Beispiel bei Instandhaltungsarbeiten im Haushalt oder in der Werkstatt usw. Jeder hat seine eigene Aufgabe. Bo sorgt für das Bier, Ask ist Rechnungsführer und kümmert sich darum, daß Raten und Rechnungen bezahlt werden. Karsten macht die Klempnerarbeiten. Ich bin Bibliothekar und ein anderer sieht nach der Tiefkühltruhe.

KARSTEN: Hier sind uns alle Möglichkeiten gegeben, die Geschlechterrollen aufzuheben. Wir haben das auch weitgehend geschafft, aber ein Blick auf unsere Küchenliste zeigt doch, daß es eher die Mädchen sind, die das Essen machen, während mehr Männer abwaschen. Generell gesehen werden die meisten Tätigkeiten, die die Kommune insgesamt betreffen, so verrichtet, daß zwischen den Geschlechtern nicht unterschieden wird.

BIRTHE: Anfangs ist mir sehr aufgefallen, daß es im Wesentlichen immer die Männer waren, die dasaßen und intellektuell diskutierten. Vielleicht ist es auch kein so großes Problem, wie ich damals annahm. Zuerst gab es aber die Tendenz, daß fürchterlich lange Diskussionen geführt wurden und einige Mädchen sich absolut ausgeschlossen fühlten. Sie konnten auf dem Niveau nicht einfach mitmachen.

PETER: Jetzt glaube ich, daß es bei den Hausversammlungen gar keine theoretische Diskussion mehr gibt, auch wenn es sich um Diskussionen über die Kommune handelt. Das liegt wohl auch daran, daß wir bewußt wenig über Zielsetzungen, Ideologien usw. reden. So gibt es kaum einen theoretischen Unterbau für unsere Gemeinschaft.

KARSTEN: Diese Diskussionen können leicht dazu führen, intellektuelles Gerede als etwas «Besseres» anzusehen und jemanden, der dazu nicht im Stande ist, als minderwertig zu betrachten. Solch eine Betrachtungsweise ist bei uns kaum noch zu finden. Vielleicht haben die anderen die Intellektuellen dadurch «terrorisiert», daß sie theoretische Diskussionen als unwichtig beurteilten. Unter allen Umständen basiert eine derartige Wertung nicht auf dem Geschlecht, falls man es überhaupt werten kann. Es ist also nicht so, daß die Frauen en bloc nicht diskutieren können, die Männer es aber können.

Beschlüsse

KARSTEN: Was die Beschlüsse betrifft, so haben wir eine Regel: Alle wesentlichen Angelegenheiten müssen gemeinsam auf der Hausversammlung beschlossen werden. Kleinere Angelegenheiten kann man selbst entscheiden.

PETER: Die Einrichtung der Gemeinschaftsräume wurde ohne viel Konflikte geregelt. Anfangs waren Beschlüsse nicht so wichtig. Da bedeutete die Gemeinschaft und das Verhältnis unter uns eben mehr. Wir hatten mehr Spaß an der ganzen Sache. Jetzt sind es mehr die praktischen Dinge, die Vorrang haben. Vielleicht weil sie eben zur täglichen Routine geworden sind, vielleicht aber auch, weil sie mehr Anlaß zu Differenzen geben.

FRAGE: Wie verlaufen die Hausversammlungen?

KARSTEN: In schlechten Zeiten sind sie schlecht, in guten gut. Die Versammlung beginnt mit den praktischen Dingen. Einige wollen Gäste einladen, über Neuanschaffungen beraten, irgendwo hat es Schwierigkeiten gegeben. Das sind so Dinge, die auf den Versammlungen verhandelt werden. Bei rein praktischen Angelegenheiten wird fast immer ein Entschluß gefällt. Wenn zum Beispiel aber ein Fahrradschuppen gebaut werden soll, und es erklärt sich jemand dazu bereit, so ist es jedoch nicht immer sicher, daß daraus etwas wird. Andere und dringlichere Entschlüsse werden aber immer durchgeführt. Bei anderen Dingen, über die wir nicht gleich ein für allemal zu beschließen brauchen und bei denen das Wertsystem der einzelnen betroffen ist, können wir lange Zeit dasitzen und hin und her diskutieren. Die Beschlüsse werden fast alle einstimmig gefällt. Es ist wohl erst ein- oder zweimal vorgekommen, daß ein Beschluß nach einer offenen Abstimmung gefaßt wurde. Bei den Hausversammlungen kommt es oft vor, daß einige nichts sagen, aber auch nichts gegen das einzuwenden haben, was die anderen beschließen.

PETER: Es gibt einige «Führungspersönlichkeiten», deren Wort mehr Einfluß hat als das anderer. Für diese Leute ist es charakteristisch, daß sie jeweils auf verschiedenen Gebieten meinungsbildend wirken. Das haben wir nicht irgendwie beschlossen, es gibt einfach einige Leute, die von gewissen Dingen mehr verstehen, dafür gibt es auch andere, die bei anderen Dingen reinreden. Solange die Kommune besteht, hat es keinen festen Anführer gegeben. Vielleicht nimmt jemand für einige Monate eine solche Rolle ein, dann verläuft sich das aber von selbst. Außerdem kann man gewisse Entschlüsse durch ein Veto bremsen. Es ist etwas schwierig, genau zu sagen, was das bedeutet, es ist aber so gewesen, daß es unter uns konsequente Gegner von radikalen Änderungen gibt. Wir haben uns immer auf Kompromisse einigen können. Wir sind nie «kollektiver» gewesen als derjenige, der am wenigsten kollektiv eingestellt war.

KARSTEN: Einer der Gründe dafür, daß wir Entscheidungen oft als Kompromisse fällen, ist der, daß alle sich in der Kommune wohl fühlen sollen. Wir haben nie etwas auf die Spitze getrieben, sondern sind vorher immer ausgewichen, denn meistens waren es gerade die Leute mit den abweichenden Meinungen, die stark waren. Die Auflösung der Gruppe auf Grund von Meinungsverschiedenheiten stand nie zur Debatte. Wenn auch nur einer sein Veto einlegte, so hatte der Status quo gegenüber irgendeiner Veränderung das Vorrecht.

BIRTHE: Für viele bedeutet es natürlich eine Enttäuschung, wenn so unterschiedliche Auffassungen darüber existieren, wie kollektiv die Kommune sein soll. Und wenn die Kommune nie kollektiver werden kann als der am wenigsten kollektiv Eingestellte es wünscht, so kann es schon ziemliche Frustrationen hervorrufen.

KARSTEN: Für mich ist es vollkommen egal, wieviel oder wie wenig gemeinsam ist, ob es nun um Geld geht oder sonst etwas. Ich sehe nicht ein, daß das so wesentlich ist. Für mich ist es ausschließlich eine Frage, ob ich mich dabei wohl fühle.

Die Gruppe und der einzelne

BIRTHE: Ich finde, es fällt uns ziemlich schwer, unsere persönlichen Konflikte zu regeln. Es gibt zwischen einigen Leuten zum Teil sehr alte Konflikte, die sie kaum je wiederaufnehmen werden, obwohl sie noch gar nicht verarbeitet worden sind.

PETER: Wir hatten nicht die Möglichkeit, das Sensitivitätstraining wiederaufzunehmen. Es wurde mehr oder weniger fallengelassen, weil einige nicht mitmachen wollten, was ich übrigens verstehen kann. Sie hatten auch nicht am Sensitivitätskurs teilgenommen, und ihnen muß es wohl ziemlich fremd vorkommen.

KARSTEN: Das Sensitivitätstraining geht ja davon aus, daß zwei Personen ihre Konflikte besser in einer Gruppe als ohne sie lösen können, indem sie ihre Konflikte durchspielen und die jeweiligen Projektionen diskutieren. Und wenn sie irgendwo steckenbleiben sollten, kann die Gruppe ihnen vielleicht weiterhelfen. Andererseits glaube ich aber, daß wir diese Sensitivitätstechniken einfach mißbrauchten, um innerhalb der Gruppe die gute Stimmung zu erhalten. Die Tatsache, daß es Probleme gab, ließ das Leben in der Kommune spannend werden, aber wir versuchten zuerst einfach, die Stimmung, die beim Kurs geherrscht hatte, zu Hause fortzusetzen. Wir wollten unbewußt wohl nur diese Stimmung erhalten, anstatt wirklich die Probleme zu lösen.

PETER: Ja, das ist ganz klar. Wir dachten, daß wir weiter in den Wolken leben konnten. Wir glaubten, einfach so weitermachen zu können, ohne uns füreinander zu interessieren.

KARSTEN: Wir konnten aus dieser Situation aber nicht so ohne weiteres herauskommen. Wenn wir dann echte und tiefe Probleme hatten, steckten wir immer noch in dieser oberflächlichen Stimmung, und die Probleme blieben bestehen, ohne daß wir daran etwas ändern konnten. Wir konnten auf die Probleme nicht spontan reagieren, und das war ja der eigentliche Zweck der Kommune. Wenn jemand konstant den Kopf hängen läßt und etwas neurotisch ist, hilft es nichts, mit ihm zu reden. Probleme kann man nicht so einfach lösen. Aber alle Schwierigkeiten, die auf Mißverständnissen beruhen, kann man jedenfalls so beseitigen. Ich glaube aber nicht, daß ein Problem schon gelöst ist, wenn man die äußeren Umstände untersucht hat.

BIRTHE: Es gibt Probleme, bei denen es einfach nichts hilft, sie zu bereden. Bei persönlichen Gegensätzen kann man reden und reden und reden, und man hat trotzdem das Gefühl, sich nicht von der Stelle zu bewegen.

KARSTEN: Was das persönliche Temperament betrifft, so sind wir alle ziemlich ruhig. Es gibt wenig Probleme, die alle zusammen betreffen. Manchmal fühlen Peter und ich uns etwas eingeengt, wenn wir einmal längere Zeit gegammelt haben, ohne überhaupt etwas Vernünftiges zu unternehmen. Dann bekommt man das Gefühl, daß drei oder vier andere uns das übel anrechnen und uns sagen, daß wir unsere Zeit einfach verschleudern. Man fühlt sich dann sehr eingeengt, besonders wenn man ab und zu einfach nichts tun kann. Dieser Druck äußert sich aber nie als massiver Druck, denn wenn ein Block beginnt, sich über einen einzelnen zu ärgern, gibt es immer einen anderen, der den Betreffenden verteidigt. Ich glaube nicht, daß überhaupt jemand einmal total verurteilt worden ist.

PETER: Vielleicht eine konkrete Tat, aber nicht die Person als solche.

Schwierigkeiten in der Gruppe

BIRTHE: Die Tatsache, daß hier im Sommer vier Personen die Kommune verlassen haben, hat uns ziemlich belastet. Wir wußten alle, daß sie wegziehen wollten, und sie haben sich ganz langsam zurückgezogen, obwohl sie immer noch hier wohnten. Wir fühlten ihnen gegenüber noch gewisse Verpflichtungen und umgekehrt; gleichzeitig hat diese Geschichte allen, unserer Aktivität und dem anfänglichen Enthusiasmus, einen Dämpfer versetzt.

PETER: Von den ursprünglichen Mitgliedern sind jetzt noch neun übrig, es sind also im ganzen sechs, die die Kommune verlassen haben.

KARSTEN: Da gab es zum Beispiel Per und Ann. Ich glaube, daß Per nur wegen Ann mitmachte. Er war während der ersten Monate sehr begeistert, er hatte aber selbst nie den Wunsch geäußert, in eine Kommune zu ziehen. Dann tauchten wohl einige Konflikte auf, mit denen er sich nicht abfinden konnte, und die zuviel für ihn zerstörten. Während des letzten halben Jahres fühlte er sich jedenfalls nicht sehr wohl.

BIRTHE: Dann gab es auch einige, die für ihn die Polizei spielen wollten. Einige wollten ihm dann beibringen, wie man sich als Kommunarde zu verhalten habe. Er konnte es nicht verstehen, daß man sich eben nach bestimmten Regeln verhalten und sich dabei füreinander interessieren mußte.

KARSTEN: Es gibt zwei oder drei Leute, die ab und zu etwas über Normverhalten zu sagen versuchen. Das sind dann Erfahrungswerte, die sie bei dem Sensitivitätskurs gelernt haben. Das holen sie manchmal hervor und erklären, was richtiges und was falsches Gruppenverhalten ist. Das geschieht aber nicht sehr oft, und diejenigen, die es tun, werden auch nicht von allen dabei unterstützt.

Dann gab es Per und Aase. Aase hat sich nie richtig für die Kommune interessiert. Sie ist gegen ihren Willen hier eingezogen. Jetzt wohnen sie in einer Hochschule, in der Per unterrichten wird.

BIRTHE: Aase hat uns ziemlich belastet. Sie war nun einmal da, und wir mußten es halt für sie so schön wie möglich machen. Vielleicht war es auch schade für sie, daß wir so sehr auf sie Rücksicht nehmen mußten.

KARSTEN: Ich glaube kaum, daß jemand auf einer Hausversammlung damit anfangen würde zu sagen: «Hört einmal her, Freunde, jetzt müssen wir als Gruppe etwas unternehmen. Es handelt sich um unsere Zukunft.» Das würde ich auch nicht tun. Ich glaube nicht, daß man sich so sehr an diese bestimmte Gruppe gebunden fühlen sollte, weil das ganz unrealistisch ist, und wenn jemand auszieht, dann zieht er eben aus. Das mag vielleicht ein wenig traurig sein, weil die Gruppe, zu der man selbst ja auch gehört, damit verändert wird, es muß aber immer noch die Möglichkeit bestehen bleiben, andere alternative Lebensformen zu finden, die vielleicht für den einen oder anderen eingeengter sind, und wenn man das meint, soll man die Kommune eben verlassen, denn an die Kommune soll sich keiner länger gebunden fühlen als er dazu Lust hat.

Die Kommunebewegung

KARSTEN: Es haben uns eigentlich ziemlich viele Journalisten besucht. Einige von uns würden sie am liebsten gleich wieder rausschmeißen, weil sie hier alles durcheinanderbringen. Andere sagen, wir haben nichts vorzuzeigen, das hier ist eine Scheißkommune, schafft diese Journalisten raus. Dann gibt es wieder einige, die sagen, daß das, was wir machen, vielleicht Scheiße ist, sich aber dennoch radikal von der restlichen Gesellschaft unterscheidet, und deshalb können wir es ruhig vorzeigen, wenn wir dadurch einige der Mythen ausrotten können, die über Kommunen existieren. Es waren furchtbar viele Journalisten hier, während der letzten Monate haben wir aber jedesmal «Nein» gesagt. Ich bin nicht dafür, sie abzuweisen, die allgemeine Stimmung ist jedoch dafür. Wir bekommen auch einige Anfragen von Leuten, die uns bitten, Vorträge zu halten.

PETER: Wir sind oft in Schulen gewesen, und es sind auch viele Gruppen hiergewesen, um unsere Kommune zu besichtigen.

KARSTEN: Wir nehmen normalerweise kein Geld dafür, auch für Verträge, die wir gehalten haben, haben wir nichts bekommen. Die Journalisten der großen Zeitungen müssen aber erst bezahlen, bevor wir sie hereinlassen.

Zielsetzungen: Produktionskommune und Politik

KARSTEN: Ich finde, daß die individuelle Zielsetzung sich durch die Kommune äußert. Und es gibt in der Kommune keine Zielsetzungsprobleme, wenn sie keine kollektive Zielsetzung hat. Unser einziges Ziel ist es, eine Örtlichkeit zur Verfügung zu haben, wo es uns gutgeht. Wir brauchen eben einige Leute, mit denen zusammen es sich aushalten läßt und dazu eine gemeinsame Lebensform. Die Alternativen sind einfach zu abstoßend, entweder ein festes Paarverhältnis oder allein in einer kleinen Wohnung. Dafür kann ich mich nicht begeistern. Deshalb wohnen wir hier mit anderen Leuten zusammen und versuchen, es uns so gut wie möglich gehen zu lassen.

BIRTHE: Als ich von Jütland nach Kopenhagen kam, war mein Studium einfach alles, was ich hatte. Jetzt, nachdem ich in die Kommune gezogen bin, bedeutet das Studium immer weniger für mich, und ich frage mich, warum ich überhaupt noch dabei bleibe. Die Alternative, dauernd hinter den Büchern zu sitzen, ist wenig anziehend im Vergleich mit dem, was ich hier im Haus an Kleinigkeiten verrichten kann. Ich kann mich mit den Kindern und den anderen Leuten beschäftigen und vielleicht eine Hühnerfarm aufmachen.

PETER: Ich finde, daß die Kommune mich von meinem Studium weniger abhängig gemacht hat, und in dieser Beziehung bedeutet das Leben in der Kommune einen Befreiungsprozeß. Das ist wohl auch der Grund dafür, daß die Leute mehr aus ihrem Studium machen: Sie fühlen sich nicht mehr gezwungen zu studieren, daher wächst auch die Lust, sich damit zu beschäftigen. Man ist in seinen Handlungen viel bewußter als früher. Man kann es auch einfach sein lassen, und dann passiert gar nichts. Ich habe versucht, nichts zu machen, und dann geschah eben nichts. Dann nahm ich einen Job in einer Buchhandlung an

BIRTHE: Ich fände es schön, wenn die Kommune insgesamt irgendeine Nebenbeschäftigung finden könnte. Der Gedanke an eine Produktionskommune reizt mich sehr.

KARSTEN: Ich glaube nicht, daß sehr viele von uns darauf eingestellt wären, Ganztagsbeschäftigte einer Produktionskommune zu sein. Die meisten sind wohl mit dem zufrieden, was sie gerade tun. Einige von uns machen etwas Gruppendynamik und unterrichten. Und das macht uns ganz einfach Spaß.

BIRTHE: Kurt dachte früher auch daran, daß es eine gute Sache wäre, wenn all diese Soziologen, Psychologen und Volkswirtschaftler usw. zusammenarbeiten könnten und gemeinsam eine Ratgeberfunktion ausfüllen könnten, aber diese Idee ist wohl auch schon vergessen.

Es ist, als ob wir nach einer langen Periode mit vielem Gerede herausgefunden haben, daß eine geistige Gemeinschaft sich nicht so ohne weiteres einrichten läßt, es muß ein gemeinsames Ziel geben, worauf man zusammen hinarbeiten kann. Vielleicht irgend etwas Praktisches, eine Produktionsmethode, die man zusammen anwenden könnte. Damals, als wir das Haus instand setzten, hatten wir eine große Gemeinschaft mit dem Ziel, das Haus für uns selbst bewohnbar zu machen. Als diese Periode vorbei war, gab es plötzlich nichts mehr. Ich glaube, viele von uns sähen gern ein neues Ziel und suchen noch eine praktische Aufgabe für eine gemeinsame Aktivität. So geht es mir jedenfalls.

Ich glaube, daß man nicht erst lange und theoretische Diskussionen darüber abhalten muß, wozu das führen kann, sondern man muß einfach die Initiative ergreifen und dann sehen, wo sie hinführt.

PETER: Wenn wir eine Produktionskommune hätten, von der man leben könnte, dann bräuchte man gar keine andere Zielsetzung.

KARSTEN: Was mich betrifft, so bedeutet eine Zieldiskussion ausschließlich, daß ich für diese Unternehmen gern eine Diagnose stellen würde. Einmal zu sehen, wozu die Leute eigentlich Lust haben, und über die die Gemeinschaft betreffenden Dinge zu reden, so daß jeder seine individuellen Ansprüche an die Kommune vorträgt, und man dann die Gemeinsamkeiten feststellt. Ich selbst habe keine speziellen Zielvorstellungen, nur die, daß es hier angenehm zu leben sein soll.

FRAGE: Politische Zielsetzungen?

KARSTEN: Wir sind alle mehr oder weniger links eingestellt und haben so unsere eigenen Ansichten. Wir arbeiten ja auch auf unterschiedlichen Gebieten und versuchen, unsere Umgebung in unserem Sinn zu beeinflussen. Man kann aber nicht von einer gemeinsamen politischen Aktivität nach außen sprechen.

PETER: Meine eigene politische Aktivität hat abgenommen, nachdem ich in die Kommune gezogen bin. Dafür gibt es ziemlich viele Gründe. Vor allem habe ich darauf gewartet, daß hier irgend etwas passieren würde. Andererseits ist unser Interesse für politische Arbeit aber nicht so groß, daß wir dafür viel Zeit übrig hätten.

KARSTEN: Die meisten von uns sympathisieren zwar mit der APO, aber nur wenige machen daraus wirklich etwas. Ich nehme zwar an Demonstrationen teil, ich glaube aber, eher auf anderen Gebieten Einfluß nehmen zu können, zum Beispiel indem ich einen Kurs über Gruppendynamik leite. Ich glaube, daß ich dadurch zehnmal soviel leisten kann. Da weiß ich, womit ich es zu tun habe, anstatt stundenlang Theorien zu diskutieren.

PETER: Mein Traum ist es, daß die Kommune zu einem Aktionszentrum wird, das Aktionen in Gang setzen kann.

BIRTHE: Der einzige Weg, die Gesellschaft zu beeinflussen, ist durch unser Beispiel. Die Leute kommen hierher und lernen eine neue Form des Zusammenlebens kennen. Das finde ich gut, sie bekommen neue Ideen und können vielleicht selbst etwas unternehmen. Und ich glaube ganz bestimmt, daß es immer mehr Kommunen geben wird.

KARSTEN: Ich glaube auch, daß es mehr werden wird. Im nächsten Monat findet eine Veranstaltung der «Kollektiv-Koordinering»[1] statt, mit dem Ziel, neue Kommunen aufzubauen. Ich glaube schon, daß die meisten von uns den Rest ihres Lebens in irgendeiner Form von Kommune verbringen werden.

1 «Kollektiv-Koordineringen» ist ein organisatorischer Zusammenschluß der meisten dänischen Kommunen. (Anm. d. Hg.)

Interview mit der Felicia-Kommune

In einem Villenviertel auf Amager liegt die Felicia-Kommune. Die Gruppe hat das Haus im Dezember 1968 gekauft, und heute wohnen dort sieben Erwachsene und ein Kind. Grete, die im Interview teilnahm, hat inzwischen die Kommune verlassen.

Das Haus ist eine Zweifamilienvilla mit Keller, Parterre, erstem und zweitem Stock. Drei Räume sind als Gemeinschaftsräume eingerichtet, die als Eßzimmer, Aufenthaltsraum, Schlafraum und Spielzimmer für Skafte dienen. Außerdem ist eine Küche und ein WC vorhanden. Die übrigen sieben Zimmer sind als Privatzimmer eingerichtet.

Die Bewohner: Skafte (3) besucht den Kindergarten. Karsten (24) arbeitet in einem Tagescenter zur Behandlung von Rauschgiftsüchtigen. Karin (24) studiert Psychologie. Jørn (27) arbeitet ebenfalls im Tagescenter. Ole (19) macht zur Zeit einen Kurs im Schweißen mit. Vibeke (24) wird Kindergärtnerin, sie ist die Mutter von Skafte. Bjørn arbeitet auch im Tagescenter, er ist als Stanzer ausgebildet. Anne Lise (21) wird Freizeitpädagogin.

GRETE: Es fing alles im «Kompedallejren»[1] an, wo Jørn und Jeppe ihren Ersatzdienst leisteten. Dann lernte ich Jeppe kennen, und Jørn lernte Vibeke kennen. Wir zogen nach Kopenhagen und trafen Karin und Karsten. Und dann beschlossen wir, eine Kommune zu gründen und zusammen zu wohnen, weil wir allein zu viele Probleme hatten. Außerdem meinten wir, nicht genügend Möglichkeiten zu haben, um uns richtig entfalten zu können. Wir dachten, daß es eher möglich sein würde, unsere Persönlichkeit entfalten und unsere Probleme lösen zu können, wenn wir uns zusammenschlossen. Deshalb kauften wir dieses Haus und zogen ein. Damals war Jeppe noch mit Britta liiert. Als wir ein paar Monate hier wohnten, kam Ole fast jeden Tag zu uns, und schließlich ist er auch mit eingezogen. Natürlich gab es eine Menge Probleme. Wir hatten den Eindruck, daß Britta vielleicht die Ursache der Probleme sein könne, und sie beschloß, die Kommune zu verlassen. Dann sagte Jeppe, daß er auch wegziehen wollte, und er ging. Nach einiger Zeit stellten wir fest, daß wir einige neue Mitglieder brauchten, und es fanden sich Bjørn und Anne Lise, die gerne mitmachen wollten. Sie ziehen jetzt ein. Aber ich habe mich inzwischen entschlossen, wegzuziehen.

OLE: Das war eine gute Geschichte (Lachen). Noch Fragen?

FRAGE: Wie kamt ihr auf den Gedanken, in einer Kommune zu leben?

1 «Kompedallejren» ist ein Arbeitslager für Kriegsdienstverweigerer. (Anm. d. Hg.)

GRETE: Darauf kamen wir eigentlich sehr früh.

JØRN: Wir hatten schon eineinhalb Jahre, bevor wir die Kommune im Dezember 1968 gründeten, einen Verein, der zum Ziel hatte, eine Kommune vorzubereiten.

KARSTEN: Die Idee an sich läßt sich bis ins Jahr 1966 zurückverfolgen, als diese Gruppe sich konstituierte. Wir begannen, über gemeinsames Wirtschaften, gemeinsamen Besitz und über die Aufhebung der Paarstruktur zu diskutieren.

JØRN: Ich glaube auch, daß zum Beispiel Jørgen Nash[1] mit seinem Drakabygget als Vorläufer anzusehen ist. Er hatte ja einen alten Bauernhof, auf dem er mit anderen Künstlern zusammen lebte. Das hat wohl auch uns inspiriert. Aber auch die Kibbuzim-Bewegung hat in diesem Zusammenhang eine Rolle gespielt, die war Anfang der sechziger Jahre hier in Dänemark ja sehr populär.

FRAGE: Welche Vorteile hat es, ein eigenes Haus zu besitzen?

GRETE: Man kann damit machen, was man will. Wenn man ein Haus mietet, darf man keine Wände einreißen usw.

Die Organisation

KARSTEN: Als wir uns 1966 überlegten, ein Haus zu kaufen oder in einem Haus zusammen zu leben, rechneten wir damit, 1971 oder 1972 frühestens ein Haus kaufen zu können. Das waren unsere ersten Schätzungen. Wir mußten das Geld ja zusammensparen, da wir alle Studenten waren und niemand Geld verdiente. Als es für uns aber immer dringlicher wurde, in dieser Hinsicht etwas Konkretes zu erreichen, fingen wir damit an, etwas realistischer über Kapital, Geld usw. nachzudenken, was wir vorher noch nie getan hatten. Und die Zahlen, die sich dabei ergaben, haben uns einigermaßen erschreckt. Der Vorteil, ein eigenes Haus zu haben, ist eben der, daß man nicht rausgeschmissen werden kann, wenn man sich «unmoralisch» benimmt, und daß das Kapital bei einem Kauf ja nicht verloren ist. Wir kamen dann zu dem Schluß, daß wir das Haus mit einer Anzahlung kaufen und den Rest durch die monatlichen Mieten bezahlen könnten. Ganz allgemein gesehen haben wir verdammt viel über die wirtschaftliche Seite des Unternehmens diskutiert, und schließlich kamen wir zu dem Schluß, daß wir von Anfang an die wirtschaftlichen Dinge gemeinsam organisieren wollten. Wir wollten, daß das Haus gemeinsamer Besitz sein sollte. Jeder einzelne sollte so viel zuschießen, wie seine Situation es erlaubte.

1 Jørgen Nash, dänischer Happeningkünstler, der in Schweden eine Art Künstlerkommune errichtete. (Anm. d. Hg.)

So gehört das Haus unserer gesamten Gruppe. Wenn man auszieht, kann man sein Geld nicht wieder herauslösen, und das Haus bleibt als Kommune bestehen. Das Geld ist eben nicht als Kaution gedacht. Man zahlt seinen Beitrag an unsere Vereinigung, und damit hat sich das.

JØRN: Das heißt dann, daß nur die ersten wirklich etwas bezahlt haben.

GRETE: Das lag eben daran, daß für uns damals die Fortdauer der Kommune-Idee das Wichtigste war.

KARSTEN: Es zeigte sich nur, daß der dänische Staat die Sache ganz anders auffaßte, weil es ein Zweifamilienhaus ist. Der staatliche Wohnungsausschuß ließ einen Kauf nicht zu, da eine kollektive Vereinigung nicht für zwei Wohnungen zugelassen werden kann. Wir waren also gezwungen, eine Person als rechtlichen Eigentümer einzusetzen, und dieser konnte das Haus an die anderen vermieten. – Wir haben also einen Verein gegründet mit einer Satzung, einem Vorsitzenden und allem, was dazugehört.

JØRN: Wir hätten eigentlich im September eine Hauptversammlung abhalten sollen, was wir nicht geschafft haben.

KARSTEN: Das steht sowieso nur auf dem Papier. Wenn es wirklich notwendig werden sollte, können wir das immer noch machen.

FRAGE: Habt ihr mit dem gemeinsamen Wirtschaften Schwierigkeiten gehabt?

ALLE: Nein, gar nicht.

FRAGE: Wie viele von euch verdienen Geld?

KARSTEN: Durchschnittlich haben immer zwei Leute gearbeitet. Einige haben nicht gearbeitet, und der Rest bekommt eine Unterstützung vom «Ungdommens Uddannelsesfond».

GRETE: Aber fast alle haben zu irgendeinem Zeitpunkt eine Arbeit gehabt.

OLE: Es kommt schon vor, daß kaum noch Geld in der Kasse ist, aber Streitigkeiten sind daraus nicht entstanden.

KARSTEN: Wenn wir voraussehen konnten, daß der Kassenbestand zurückging, sind wir bisher so verfahren, daß wir die Leute herausgesucht haben, die gerade Zeit und Energie hatten, um zu arbeiten, und diese Leute haben tatsächlich dann einen Job gefunden. Da hat es nie Schwierigkeiten gegeben. Alle haben sich dafür verantwortlich gefühlt, daß in der Kasse Geld war. Insofern haben wir gar keine wirtschaftlichen Krisen erlebt.

Konsum

KARSTEN: Unser Shit-Verbrauch ist eigentlich immer sehr klein gewesen, und der Bierkonsum ist auch zurückgegangen. In unseren Zweizimmerwohnungen haben wir bedeutend mehr gesoffen. Damals gab es drei- bis vierwöchige «Saufperioden», jetzt dauert so etwas höchstens drei, vier Tage.

JØRN: Man merkt schon, daß der allgemeine Konsum zurückgegangen ist, das betrifft aber nur Genußmittel. Was die Kleidung betrifft, so glaube ich, daß wir alle bedeutend besser gekleidet sind als früher.

KARSTEN: Was den «Zeitvertreibsfaktor» betrifft, wofür wir früher viel Geld ausgaben, so sind da die Ausgaben bedeutend zurückgegangen. Jetzt haben wir uns viele größere Anschaffungen leisten können, an die wir sonst nie hätten denken können, eben weil die Mittel dafür fehlten. Fernseher, Tonbandgerät – im Augenblick sind wir dabei, uns eine Tiefkühltruhe anzuschaffen. Wir haben Telefon und eine Waschmaschine. Und darüber hinaus haben wir ein beachtliches Konto für die Instandhaltung des Hauses und für einen Werkzeugkasten.

GRETE: Dafür haben wir aber nicht so viele Bücher.

«Nomaden»- und Produktionskommune

KARSTEN: Die Tendenz geht bei uns in die Richtung, daß immer mehr Leute arbeiten. Wir wollen nämlich Geld für ein Schiff sparen. Wir verfolgen mit unseren Ideen von der «Nomadenkommune» viele Ziele, eines davon ist einfach, mehr Zeit zu haben.

FRAGE: Die Nomadenkommune, die ihr plant, soll das eine Produktionskommune werden? Wollt ihr davon leben, solange sie besteht?

JØRN: Das ist so zu verstehen, daß wir ein halbes Jahr lang alle arbeiten, und im nächsten halben Jahr können wir verreisen oder sonst etwas unternehmen.

FRAGE: Habt ihr auch über eine Produktionskommune diskutiert?

KARSTEN: Darüber haben wir die ganze Zeit geredet.

JØRN: Wir sind so weit, daß wir schon beschlossen haben, mit einer Produktionskommune anzufangen. Die Realisierung hängt ein wenig davon ab, ob wir alle eine Arbeit übernehmen wollen und können. Bjørn ist gelernter Metallstanzer, und seine Mutter hat eine Metallstanzerei, die sie verkaufen will.

KARSTEN: Wir werden Halbfabrikate für die Industrie herstellen, also keine fertigen Waren. Es gibt bei der Metallstanzerei einige Probleme, die wir noch nicht überschauen können, da es vielleicht keine für Frauen geeignete Arbeit ist. Der Sinn der Halbnomadenkommune war der, daß wir versuchen wollten, jeweils für ein halbes Jahr zusammen zu sein, und danach eine Produktionskommune zu gründen, an der sich alle beteiligen. Zunächst wird Ole einen Kurs für Schweißer absolvieren. Irgendwann werden auch Jørn und ich unseren Job beim Tagescenter aufgeben und einen Schweißkurs mitmachen, oder eine Arbeit als Lkw-Fahrer annehmen. Es lassen sich in der Metallstanzerei natürlich auch Beschäftigungsmöglichkeiten für Frauen finden, möglicherweise läuft das aber wieder auf die traditionelle Rollenverteilung der Geschlechter hinaus, da sie die leichteren Arbeiten verrichten.

Geschlechterrollen

GRETE: Eigentlich ist die Sache mit den Geschlechterrollen gar nicht so problematisch. Jedenfalls äußert sich das bei praktischen Dingen wenig. Ich glaube, das hat eher etwas mit der Einstellung zu anderen Menschen zu tun. Menschen sind verschieden. Einige sind Männer und andere Frauen. Ich bin hier die einzige, die nie etwas von den Arbeiten verrichtet, die die Tradition den Männern zuweist; die anderen Mädchen tun es aber. Ich weiß aber auch, daß ich diejenige bin, die am wenigsten im traditionellen Rollenschema gefangen ist.

KARSTEN: Anfang Januar sprachen wir sehr viel über Geschlechterrollen. Die Diskussion lief darauf hinaus, ob es die spezielle Zusammensetzung der Gruppe hier war, die Probleme hervorrief, oder ob es an den Geschlechterrollen selbst lag. Jetzt fängt die Diskussion mit neuen Beispielen von vorne an. Damals war es das Denkvermögen, die Redegewandtheit und die intellektuelle Vorherrschaft, jetzt dreht es sich darum, wer in die Wäscherei geht und wer das Haus sauberhält. Die Diskussion über die intellektuelle Vorherrschaft der Männer hat seitdem eine ganz andere Bedeutung bekommen; das ist eigentlich kein Problem mehr. Früher warf man uns vor, daß Jørn, Jeppe und ich hier das große Wort hatten. Jetzt ist Jeppe nicht mehr hier, und gegen Jørn und mich sind keine derartigen Anklagen aufgekommen.

GRETE: Da bin ich nicht so sicher. Ich bin aufgefordert worden, euch als Autorität anzuerkennen. Das zeigt doch, daß es die Probleme immer noch gibt.

JØRN: Das Problem hängt doch damit zusammen – wenn man von unserem langweiligen Verhalten absieht –, daß wir in dem, was wir sagen, überraschend oft recht haben.

GRETE: Natürlich habt ihr oft recht. Ihr seid ja intelligente Menschen und denkt bevor ihr redet ...

KARSTEN: Unsere Idee vom gemeinsamen Schlafraum, die vorwiegend von Jørn und mir ausging, kann vieles verdeutlichen. Britta und Karin mußten erst dazu überredet werden, und wir scheuten dabei keine Mittel. Wir haben auch erreicht, daß sie mitmachen. Dieses Vorhaben hat aber zu enormen Rückschlägen geführt. Britta ist jetzt ausgezogen, was aber nicht direkt mit dem gemeinsamen Schlafraum zusammenhängt. Mit Karin ist es aber so weit gekommen, daß sie einfach nicht imstande ist, im Schlafzimmer zu schlafen. Sie bekommt Angstzustände, die sehr unheimlich sind, und schläft deswegen in ihrem eigenen Zimmer.

JØRN: Die Sache ist aber noch viel schwieriger. Erst ist sie damit einverstanden, im Schlafzimmer zu schlafen. Dann fällt ihr ein, daß sie es doch nicht schafft, und sie zieht wieder aus. Plötzlich faßt sie es als eine Niederlage auf, daß sie ausgezogen ist, und sie möchte trotzdem wieder bei uns schlafen.

KARSTEN: Diese Angelegenheit wird sogar noch verworrener, wenn wir alles erklären sollen. Als sie merkt, daß sie nicht im Schlafzimmer schlafen kann und in ihrem eigenen Zimmer schlafen muß, wird ihr Verhältnis zur Gruppe in ihrem eigenen Erleben belastet. Sie mußte sich von uns isolieren und sich zurückziehen. Ein Aspekt der Angelegenheit ist ihr Verhältnis zu mir, da ich sowohl sexuell als auch in anderer Beziehung ihr Partner bin. Dieses Verhältnis wurde insofern gestört, weil wir nicht mehr zusammen schliefen, uns im Bett nicht mehr zusammen amüsieren und keine vertraulichen Gespräche mehr führen konnten. Dann kamen einige Tage, wo sie wieder ins Schlafzimmer kam, um den Anschluß an die Gruppe nicht zu verlieren; sie schaffte es jeweils zwei bis drei Tage, dann mußte sie, einem Zusammenbruch nahe, wieder in ihr eigenes Zimmer umwechseln. Schließlich versuchte sie mit der Begründung, nur mit mir schlafen zu wollen, wieder im gemeinsamen Schlafraum Zugang zu finden, und dann lief es wieder einigermaßen.

FRAGE: Wie lange hattet ihr vorher über das Projekt des gemeinsamen Schlafraums diskutiert?

KARSTEN: Höchstens vierzehn Tage.

GRETE: Jeppe hatte plötzlich die Idee dazu.

KARSTEN: Wenn man diese Angelegenheit hinterher zu bewerten versucht, glaube ich, daß es falsch war, auf Grund von Karins Situation das gemeinsame Schlafzimmer auf jeden Fall einrichten zu wollen. Andererseits hätte man die Situation an sich nicht umgehen können, auch wenn man anders vorgegangen wäre.

OLE: Es war doch nicht Karin, die wir dazu drängen mußten, dabei mitzumachen, es war eher Britta. Karin war doch ganz sicher, daß sie es schaffen würde, oder?

KARSTEN: Nein, das stimmt nicht.

GRETE: Das hättest du auch an ihren Gefühlen merken müssen, ohne daß sie es ausdrücklich gesagt hätte.

KARSTEN: Ich glaube wirklich, daß sich in einer Kommune der sexuelle Bereich am schwierigsten «kollektivieren» läßt und am längsten seinen traditionellen Charakter beibehält. Wir haben sogar gemerkt, daß die Eifersucht wächst und daß die Paarbeziehungen enger werden. Ich glaube, dieser Bereich ist eine so fundamentale und lebensnotwendige Sache, daß man sehr vorsichtig vorgehen muß, wenn man dabei etwas ändern will. Ich würde jedenfalls nie versuchen, so wie wir es mit dem gemeinsamen Schlafraum taten, eine «Sexualkommune» durchzudrükken. Was das gemeinsame Schlafzimmer betrifft, so hatten wir einfach die Zwangssituation, daß einige einfach kein eigenes Zimmer hatten oder als Einzelperson so große persönliche Konflikte hatten, daß sie die sexuellen Aktivitäten der anderen kaum miterleben mochten, und deswegen hatten wir im Schlafzimmer ein sogenanntes «Sexverbot». Wenn man bumsen wollte, mußte das außerhalb des Schlafzimmers vor sich gehen.

GRETE: Es ist ja auch ein Schlafzimmer, wo wir schlafen wollten. Es ist fast unmöglich einzuschlafen, wenn direkt neben dir zwei Leute miteinander schlafen.

KARSTEN: Darüber kann man sich doch freuen ... Jetzt hat sich die Situation jedenfalls dahingehend geändert, daß das Bumsen im Schlafzimmer erlaubt ist. Im Moment sehe ich jedoch ein echtes Problem darin, daß einige Leute sich selbst Beschränkungen auferlegen oder sich selbst widersprechen, wenn sie es nicht tun.

GRETE: Ich habe jedenfalls nur in der Zeit im Schlafzimmer geschlafen, wo ich kein eigenes Zimmer hatte.

JØRN: Dann laß doch die Experten darüber reden, was da vor sich geht. Aus irgendeinem Grund – ich weiß wirklich nicht weshalb – ist man zu Methoden aus der Kriegszeit zurückgekehrt, mit geschlossenen Vorhängen usw. Das heißt, wenn man im Schlafzimmer bumst, dann immer im Dunkeln. Dann macht es nicht so viel aus, daß noch jemand danebenliegt.

OLE: Ist es nicht so, daß man in der Regel damit wartet, bis die anderen schlafen?

FRAGE: Wie reagiert Skafte darauf?

JØRN: Daran hat er sich schon gewöhnt. Tatsächlich ist er derjenige, der die Sache am natürlichsten aufnimmt. Vibeke und ich nehmen keine Rücksicht darauf, ob er schläft oder nicht.

KARSTEN: Unser Ziel ist es, zwischen dem Bewußtsein des einzelnen und dem Bewußtsein der Gruppe ein Gleichheitszeichen setzen zu können. Und das Bewußtsein umfaßt mehr als eine einfache Zielvorstellung. Viel mehr. Ursprünglich hatte Jeppe jedoch vorgehabt, eine Zielvorstellung zu formulieren, die einer Menge von unterschiedlichen Haltungen Spielraum einräumen sollte. Das Grundlegende ist aber eine gemeinsame Basis für diese verschiedenen Haltungen. Jeppes eigene konsequente Zielvorstellung konnte nicht zu einer solchen gemeinsamen Grundlage werden. Es ist notwendig, eine für alle verschiedenen Auffassungen anwendbare Grundlage zu finden.

GRETE: Jeppe hat jetzt kaum noch etwas mit Zielvorstellungen zu tun.

OLE: Es gelang uns, ein sehr unverbindliches Ziel aufzustellen, mit dem alle einverstanden waren. Nach außen versuchen wir, eine sozialistische Gesellschaftsordnung zu fördern. Nach innen ... nein, daran kann ich mich nicht mehr erinnern.

GRETE: Nach innen wollten wir so harmonisch wie möglich miteinander leben.

OLE: Nein, wir wollten das Gemeinsame, die Kollektivität, so weit wie möglich fördern.

KARSTEN: Im Augenblick haben wir keine gemeinsame Haltung oder Zielvorstellung. Wir wissen, daß in dieser Beziehung große Unstimmigkeit herrscht, und wir wollen nicht versuchen, eine Einigung durchzuboxen. Wir müssen zunächst die Probleme durchdiskutieren, bevor wir Einigkeit erreichen können. Wir müssen eben abwarten, worauf wir uns mit der Zeit einigen können. Meine eigene Zielvorstellung läuft darauf hinaus, daß aus allen Mitgliedern der Kommune eine Art Familie entsteht, die eigentlich auch alle traditionellen Kennzeichen einer Familie besitzt. Darüber hinaus hat sie natürlich durch die größere Anzahl der Mitglieder vermehrte Möglichkeiten, etwas zu unternehmen. Weiterhin sollten wir versuchen, die Idee der Produktionskommune zu verfolgen – das werden wir nicht allein schaffen können, sondern wir müssen uns mit anderen Kommunen zusammenschließen, um auf diese Weise eine Produktionskommune mit einem solchen Umfang aufzubauen, die eine tatsächliche Alternative zu der unheimlich technisierten Produktionsform der heutigen Gesellschaft anbieten könnte. Unser Vorhaben, eine Metallstanzerei aufzumachen, ist noch keine Alternative, sondern eher eine Flucht vor den Massenarbeitsplätzen, die uns allen nicht zusagen. Ich betrachte auch die Kommune an sich als eine Alternative zur traditionellen Familienform, mit der man vielleicht zu einer alternativen Arbeitsstruktur gelangen kann. Wie diese aber genau aussehen soll, kann ich auch noch nicht sagen.

JØRN: Es kommt auch noch der Bereich der politischen Arbeit hinzu. Im Augenblick kann ich noch nicht entscheiden, inwieweit sich die Beschäftigung mit der Kommune als Vorbild einer veränderten Familienstruktur verbreiten wird. Ich glaube aber, daß sich hier der Anfang eines echten politischen Einsatzes zeigt. Ich glaube, dies ist ein sehr wichtiger Ansatzpunkt für gesellschaftsverändernde Aktivitäten überhaupt.

KARSTEN: Man muß fragen, ob nicht alle Kommunen sich in einer Situation befinden, in der sie unheimlich viel Energie auf sich selbst richten müssen, nur um zu überleben. So sehe ich es jedenfalls. Und dann kann man zwei Fragen stellen: Ob wir überhaupt für die direkten politischen Aktivitäten genug Energie übrig haben, für die es ja wirklich eine fabelhafte theoretische Basis gibt. Und zweitens, ob die Kommunen überleben können, wenn sie es nicht tun.

Die Atmosphäre des Hauses

FRAGE: Inwieweit machen sich persönliche Launen auf die Stimmung in der Kommune bemerkbar?

JØRN: Es geht schon aus alldem, was wir gesagt haben, hervor, daß die Stimmung im Haus ziemlich stark von periodischen Launen einzelner beeinflußt wird. Bei einigen von uns wirkt sich ihre Stimmung anscheinend mehr auf den Rest aus als bei anderen. Beispielsweise haben meine Launen mehr Auswirkung als die anderer, obwohl ich das selbst nicht so positiv finde.

FRAGE: Heißt das, man kann die Geschichte des Hauses durch wechselnde Stimmungen beschreiben?

KARSTEN: Du nimmst das zu wichtig, glaube ich. Wie werden denn die unterschiedlichen Stimmungen hervorgerufen?

JØRN: Glaubst du nicht, daß die Tatsache, daß wir zu mehreren zusammen leben, depressive und manische Zustände verstärkt?

KARSTEN: Natürlich, es ließen sich bestimmt für unsere Kommune sehr interessante Stimmungskurven aufzeichnen. Andererseits kann man nicht so einfach behaupten, daß die Kommune nur von sich verändernden Stimmungen gesteuert wird. Es gibt bestimmte Entwicklungstendenzen bei uns, denen wiederum bestimmte Stimmungen entsprechen. Früher war das Verhalten unter uns sehr psychoanalytisch ausgerichtet. Wir sahen zwei Wege, um Probleme zu lösen: Wir änderten unsere Struktur und analysierten uns gegenseitig. Die Strukturänderungen gingen von einem marxistischen Modell aus. Bei der Psychoanalyse gingen wir davon aus, daß die Probleme sich auflösen würden, wenn man sie an die Oberfläche ziehen konnte. Aber keiner der beiden Wege war der richtige.

FRAGE: Hat es direkte Konflikte unter euch hier in der Kommune gegeben? Es hört sich so an, als hättet ihr euch ab und zu ziemlich in den Haaren gehabt.

KARSTEN: Eigentlich ist das selten vorgekommen.

GRETE: Das stimmt doch nicht, darüber haben wir ja auch schon diskutiert. Es hat schon Zeiten gegeben, wo die allgemeine Stimmung sehr aggressiv war. Warum das so kommt, kann ich auch nicht genau sagen. Aber solche Perioden dauern höchstens drei Wochen, dann legen sich die Aggressionen von selbst.

KARSTEN: Beispielsweise war die Stimmung in der Zeit, in der wir Strukturänderungen und Psychoanalyse betrieben, sehr aufgeladen. Wir teilten uns die ganze Zeit über gegenseitig unsere Fehler mit und brachten es mit der Zeit zu unheimlicher Treffsicherheit. Die Konflikte, die es gegeben hat, gingen meist von persönlichen Differenzen aus. Es hat zwischen Grete und Britta, zwischen Jørn und Jeppe, zwischen Jørn und mir und zwischen Ole und Karin Konflikte gegeben. Ich glaube aber, daß wir mit solchen Krisen so schlechte Erfahrungen gemacht haben, daß wir uns in Zukunft vorsehen werden, so etwas zu vermeiden. Wir haben in dieser Beziehung ziemlich viel durchmachen müssen.

FRAGE: Habt ihr euch nach dem Prinzip gerichtet, die Gruppe als solche um jeden Preis zusammenhalten zu wollen?

ALLE: Ja.

GRETE: Das Prinzip gilt doch immer noch, oder?

JØRN: Es wäre nicht sehr vorteilhaft für die Gruppe, daran festzuhalten. Insofern haben wir unsere Ansicht geändert und stellen es jedem Mitglied frei, die Gruppe zu verlassen, falls jemand den Wunsch dazu äußert.

Skafte

FRAGE: Welche Bedeutung hat Skafte für den Zusammenhalt der Gruppe gehabt?

GRETE: Skafte war für mich sehr lange der eigentliche Grund, warum ich in der Kommune blieb. Ich habe mir gesagt, daß ich ihn im Stich lassen würde, und auch jetzt denke ich manchmal noch so, obwohl ich die Kommune ja verlassen werde. Ich habe mich schon von Anfang an etwas außerhalb der Gruppe bewegt. In der letzten Zeit ist das noch deutlicher geworden, und dann ist Skafte morgens immer zu mir gekommen und wollte, daß ich mich mit ihm beschäftige und hat mir gesagt, daß es gemein sei, daß ich die Gruppe verlassen wolle. Ich habe für ihn als das Kind der Gruppe eine echte Verantwortung gespürt, andererseits habe ich ihn aber auch als Vibekes Kind betrachtet.

FRAGE: Hat sich Vibeke denn am meisten um ihn gekümmert?

JØRN: Das stimmt zwar, aber man sollte eher sagen, daß sie seine feste Bezugsperson ist. Wenn er Probleme hat, wendet er sich an sie, denn sie ist schließlich seine Mutter.

KARSTEN: Gefühlsmäßig ist er am engsten mit Vibeke verbunden.

JØRN: Und das hat mehrere Ursachen. Der wesentlichste Grund ist wohl, daß wir anderen zu ihm kein natürliches Verhältnis aufbauen können oder wollen, um es etwas scharf auszudrücken. Das wird aber auch damit begründet, daß er erst so spät mit in die Kommune kam und zu Vibeke schon ein Mutter-Sohn-Verhältnis aufgebaut hatte. Allerdings hält Vibeke auch sehr an Skafte fest; er ist eben ihr Kind.

FRAGE: Hat es Schwierigkeiten gegeben, sich über die Erziehung zu einigen?

KARSTEN: Eigentlich wenig. Nur in der letzten Zeit haben wir einige Ansätze gemacht, weil er alt genug ist – er ist jetzt dreieinhalb –, um den Begriff «Vater» zu begreifen. «Mutter» hat er schon längere Zeit sagen können und hat auch meistens Vibeke als seine Mutter bezeichnet, manchmal auch einige der anderen Mädchen. Früher hat er uns alle «Mutter» genannt. Jetzt ist aber dieser «Vaterbegriff» hinzugekommen, und wir haben die Sache etwas diskutiert, weil Vibeke wollte, daß Jørn – mehr pro forma – Skaftes Vater sein sollte. Sie weiß zwar, daß in einer Kommune alle Männer Väter sind . . . Ab und zu reden wir auch mit Skafte, wobei wir alle männlichen Mitglieder «Vater» nennen und alle Mädchen eben «Mutter». Eigentlich ziehen wir es vor, wenn er uns alle nur mit unseren Namen nennt. Da diese Begriffe nun einmal eingeführt sind, haben wir uns für die Kompromißlösung entschieden, alle Mädchen «Mutter» zu nennen und alle Jungen «Vater».

Paare

FRAGE: Wie sehen die Paarverhältnisse in der Kommune aus?

KARSTEN: Die Paare haben sich alle aufgelöst.

JØRN: Um es einmal sehr milde auszudrücken.

KARSTEN: Darüber hat es viele Diskussionen gegeben. Ich sehe die Angelegenheit so, daß von den Paaren eigentlich nur sexuelle Verhältnisse übriggeblieben sind. Was die anderen Dinge betrifft, die das Paarverhältnis früher ausfüllte und die es auch zu Anfang der Kommune gab, so sind diese Funktionen der Paarverhältnisse verschwunden. Ich denke dabei an das uneingeschränktere Vertrauen, daß ein Partner da war, mit dem man seine Probleme besprechen konnte, und daran, daß man die meisten Aktivitäten mit dem jeweiligen Partner gemeinsam unternahm usw. Diejenigen, die noch in einem Paarverhältnis stecken, stimmen in der Regel mit dem überein, was Jørn und ich jetzt gesagt haben, daß sich die Paare auf sexuelle Verhältnisse reduziert haben. Grete meint jedoch, daß eine wichtige Funktion der Kommune darin besteht, die einzelnen Paare zu festigen.

GRETE: Nein, das stimmt nicht.

KARSTEN: ... und daß sie eine Struktur haben sollte, die ein Überleben der Paare fördern kann.

GRETE: Ich behaupte nur, daß die Kommune eure Ehen aufrechterhalten hat, die sonst schon lange vor dem Scheidungsrichter gelandet wären. Mehr habe ich gar nicht gesagt. Ich finde es nur gut, wenn man als Paar zusammen leben kann.

FRAGE: Heißt das, daß du es auch richtig findest, wenn die Paarbeziehung auf ein sexuelles Verhältnis reduziert wird?

KARSTEN: Nein, sie sollten noch mehr reduziert werden. Zu dem Vertrauen, von dem ich vorher sprach, gibt es noch mehr zu sagen. Es ist richtig — jedenfalls, was mich selbst betrifft —, daß ich zu Karin nicht mehr die gleiche Vertrauensbasis habe wie früher. Ich rede nicht mehr nur mit ihr über bestimmte Dinge. Außerdem ist die Funktion, daß man beim Partner «zusammenbrechen» oder sich ausweinen kann als Resultat des Vertrauensverhältnisses, auch nicht mehr vorhanden. Ich merke, daß dies in sehr hohem Grad auch für Vibeke ein Problem ist.

FRAGE: Hältst du es für positiv, wenn diese Funktion auf die Gruppe übertragen werden könnte?

KARSTEN: Auf jeden Fall. Aber eine so große Offenheit bzw. ein so großes Vertrauen gegenüber den anderen Mitgliedern gibt es noch nicht.

FRAGE: Es gibt viele, die davon träumen oder sich eine Kommune so vorstellen, daß sich zwischen allen Mitgliedern freie sexuelle Verhältnisse herausbilden.

JØRN: Prinzipiell finde ich ein solches Verhältnis gut. Nur sollte man sich im Einzelfall dafür oder dagegen entscheiden, denn an sich ist die Angelegenheit nicht so wichtig.

KARSTEN: Ich möchte meine Ansichten dazu etwas präzisieren, da ich glaube, daß enger psychischer Kontakt notwendigerweise mit einem engen physischen Kontakt verbunden sein sollte. Dieser Kontakt muß aber nicht unbedingt im begrenzten Bereich des Sexuellen gegeben sein. Jetzt kommen wir zu unserer Diskussion darüber, was Eifersucht ist, und es scheint mir, daß dabei viele Dinge durcheinandergebracht werden. Meiner Meinung nach sollte man die Angst davor, den anderen zu verlieren oder daß das Verhältnis auseinanderbricht, von der eigentlichen Eifersucht abgrenzen, weil ich diese Reaktionen für ganz natürlich halte. Die andere Seite der Eifersucht, nämlich der Drang, den Partner zu beherrschen, oder die Forderung, sicher sein zu können, daß der Partner nur zu meiner Verfügung steht, halte ich für verkehrt. Davon zu reden, daß man zu jemandem einen engen psychischen Kontakt pflegen kann und dabei den physischen Kontakt ausklammert, halte ich nur für einen Ausdruck der Schizophrenie, von der die Gesellschaft auf diesem Gebiet geprägt ist.

GRETE: Ich sehe zwar ein, was Karsten da sagt, daß man zu Menschen, zu denen man einen engen Gefühlskontakt hat, auch ein enges physisches Verhältnis bekommt, andererseits paßt diese Ansicht nicht so recht in mein Weltbild hinein, weil ich damit einfach nicht leben könnte. Ich fände es sehr schön, wenn man ein echtes Liebesverhältnis entwickeln kann, jetzt muß ich hier aber sehen, wie sehr es uns alle isoliert ... Wir werden alle frustriert, weil wir gerne Liebe zeigen möchten, es aber nicht auf ein Paarverhältnis beschränken, sondern auf alle Menschen ausweiten sollen, und das klappt einfach nicht. Wenn man sich aber ein Paarverhältnis wünscht, dann muß es auf Gegenseitigkeit beruhen und es müssen freie Menschen sein, die daran überhaupt teilnehmen können.

KARSTEN: Grete, du setzt immer noch die Liebe als eine kosmische Größe an, nicht wahr?

GRETE: Ja, was sollte sie sonst sein?

KARSTEN: Eigentlich fällt es uns auch jetzt nicht schwer, zu Leuten außerhalb der Kommune sexuelle Verhältnisse aufzubauen. Das geht ausgezeichnet.

JØRN: Ja, in einigen Fällen geht es, in anderen nicht.

KARSTEN: Es geht eben so, wie es schon immer war. Was mich betrifft, so finde ich es jetzt sogar etwas leichter. Es gibt weniger Eifersuchtsprobleme.

GRETE: Ich finde es enorm schwierig, zu jemandem außerhalb der Kommune ein Liebesverhältnis einzugehen.

JØRN: Ich finde, du hast recht. Egal ob man nun in einer Kommune wohnt oder Bestandteil eines Paares ist, es wird immer ein Problem sein, außerhalb dieser Enklave ein Liebesverhältnis zu haben. Zu einem bestimmten Zeitpunkt kann der Drang, mit demjenigen, den man liebt, zusammen zu sein, stärker sein, als der Drang, bei denjenigen zu bleiben, mit denen man bisher zusammen lebte. Das Problem ist in der Kommune genau das gleiche.

Andere Kommunen

FRAGE: Habt ihr Verbindungen zu KoKoo[1] gehabt?

KARSTEN: Schon bevor wir hier richtig anfingen. Wir haben auch beide Richtungen innerhalb von KoKoo repräsentiert: die einen, die KoKoo als Hilfsorganisation für neue Kommunen betrachteten, die den Leuten Ratschläge geben konnte, und auch die andere Richtung, die die Zusammenarbeit unter den schon bestehenden Kommunen als das Wesentlichste ansah.

FRAGE: Habt ihr zu ausländischen Kommunen Kontakt gehabt?

KARSTEN: Ein Mitglied einer italienischen Kommune hat längere Zeit bei uns gewohnt, und wir haben dadurch Verbindung zu dieser Kommune aufgenommen.

Gäste

FRAGE: Habt ihr viel Besuch von interessierten Leuten gehabt?

JØRN: Sehr viele sind es nicht gewesen.

KARSTEN: Wir hatten ziemlich lange Zeit einen Gast, der hier bei uns wohnte, in der Regel war nie mehr als ein Gast auf einmal da. Es macht sich nämlich ein ziemlich großer Unterschied zwischen Gast und Mitglied der Kommune bemerkbar. Es ist nie so weit gekommen, daß ein Gast sich bei uns als Mitglied fühlte.

FRAGE: Familie und Freunde?

GRETE: Es hat mit den Freunden Schwierigkeiten gegeben. Viele meiner Freunde kommen nicht gerne in die Kommune.

OLE: Die Haltung meiner Eltern hat sich im Laufe der Zeit, in der ich hier wohne, sehr geändert. Zu Anfang fanden sie das Vorhaben hier wohl sehr merkwürdig. Jetzt halten sie die Kommune aber für eine gute Sache.

FRAGE: Habt ihr wegen der Kommune Freunde verloren?

JØRN: Es scheint, daß unsere Freunde sich nicht ohne weiteres damit abfinden können, daß ihre Freunde mit den anderen Mitgliedern genauso vertraut sind wie mit ihnen, wenn sie uns hier in der Kommune besuchen. Dies hat irgendwie Unsicherheitsgefühle oder Eifersucht hervorgerufen. Es kommt noch hinzu, daß die Gäste hier in den Gemeinschaftsraum verfrachtet werden, und es kommen andere hinzu, mit denen sie reden. Plötzlich kommen wieder andere, die auch ohne weiteres mitreden. Die Szene wechselt eben laufend. Deshalb ist es wohl

1 Abkürzung von «Kollektiv-Koordineringen», dem organisatorischen Zusammenschluß dänischer Kommunen. (Anm. d. Hg.)

ziemlich anstrengend, in einer Kommune Gast zu sein.

KARSTEN: Wir beschäftigen uns aber ziemlich viel mit unseren Gästen. Ich glaube sogar, daß wir uns jetzt mehr mit ihnen beschäftigen als früher, jedenfalls wird immer sehr viel diskutiert, wenn wir Gäste haben.

Wieso lebt ihr in einer Kommune?

JØRN: Kommune bedeutet Gemeinschaft – und wenn man in eine Kommune zieht, so ist das ein Versuch, eine Gemeinschaft aufzubauen als Alternative zu dem Mangel an Gemeinschaft, dem man in unserer Gesellschaft unterworfen ist.

KARSTEN: Dabei spielt wohl auch der innere Drang eine Rolle, sich selbst zu beweisen, daß es auch anders geht als die Norm es verlangt. Darüber hinaus zeigt die Kommune echte Wege, wie man eine Menge seiner Ideale verwirklichen kann . . . und man erkennt die eigene Unfähigkeit, diese Möglichkeiten auszunutzen.

GRETE: Für mich ist die Kommune einfach eine praktische Art zu leben. Wenn man zu leben versteht, unterscheidet sich die Kommune sonst nicht sehr vom «normalen Leben». Wenn man in einer Kommune lebt, macht man kaum etwas ganz allein. Lebt man in einem Paarverhältnis, kann es leicht passieren, daß man frustriert wird. In der Kommune, wo mehr Menschen zusammen sind, gibt es mehr Gefühle und mehr Wärme.

Die Zukunft

FRAGE: Wie lange wollt ihr zusammenbleiben?

GRETE: Jeppe sagte einmal «bis ans Lebensende», und dann ist er eine Woche später gegangen.

OLE: Man kann in allen Kommunen irgendwie die Stimmung einschätzen.

KARSTEN: Bis zu dem Tag, wo ich die Kommune verlasse, werde ich sagen, daß ich bis an mein Lebensende hierbleiben will. Wenn man die ganze Sache auflösen würde, würde ich auch gehen wollen.

GRETE: Ich glaube, daß ich in einem halben Jahr wieder in einer Kommune leben werde.

FRAGE: Habt ihr euch überhaupt über Typen und Größe einer Kommune Gedanken gemacht?

JØRN: Wenn ich mit Leuten diskutiere, was man in einer Kommune so machen muß, versuche ich, ihnen zu erklären, wie es ist, in einem solchen Haus wie dem unseren zu leben. Worauf man zum Beispiel verzichten muß, wie zum Beispiel auf das traditionelle Paarverhältnis. Wenn man darauf nicht eingestellt ist, soll man doch eine andere Form von Gemeinschaft versuchen, die eben auf dem Paar als kleinster Einheit basiert.

JØRN: Es wird bestimmt viele Versuche geben, so etwas Ähnliches wie unsere Kommune anzufangen, irgendwie glaube ich aber, daß die Gruppen weitaus größer sein werden und daß man viel mehr erreichen kann, wenn noch mehr Menschen daran beteiligt sind. Vielleicht müssen alle aber auch den gleichen Prozeß mitmachen wie wir, und das wird unter Umständen sehr lange dauern. Auf jeden Fall wird man später die Erfahrungen, die wir hier gemacht haben, bitter nötig haben, um weiterführende Vorstellungen zu verwirklichen.

Auszüge aus Zeitungen und Zeitschriften zum Themenkreis Kommune

Großfamilie

Ein wesentlicher Unterschied zwischen Kommune und Kernfamilie liegt in der Größe und in der kulturbedingten Rollenverteilung. Aus diesen beiden Faktoren ergeben sich eine Reihe von Konsequenzen.

Beide Unterschiede machen das Leben in der Kernfamilie in gewisser Weise leichter, auch deshalb, weil die Arbeitsteilung zwischen Mann und Frau in der Regel von vornherein festgelegt ist: Er verdient den Lebensunterhalt, sie beschäftigt sich mit Kindern, Küche, Kirche. Damit umgeht man auch eine Reihe von möglichen Kompetenzstreitigkeiten. Die Größe der Kernfamilie bedingt, daß die unterschiedlichen Wünsche und Zielsetzungen der Ehepartner wenig Anlaß zu Streitigkeiten geben, und im Falle solcher Probleme wird die Machtverteilung unter den Partnern oftmals den Ausgang im voraus erkennen lassen, während dies in der Kommune schwieriger sein wird. Unter diesen Voraussetzungen könnte man sagen, daß es in der Kernfamilie leichter sein wird, Solidarität herbeizuführen, die sich aber nur auf Kosten einer Reihe von Vorteilen erreichen läßt, die mit der Kommune verbunden sind. Die Rollen in der Kernfamilie beschränken sich ja nicht nur auf eine praktische Arbeits- und Kompetenzverteilung, sondern betreffen auch verhärtete kulturelle Formen wie die Verteilung der Geschlechterrollen, die Einschränkung von Entfaltungsmöglichkeiten, insbesondere der Frau, was wiederum Freiheit und Inspiration einengt. Auch der tägliche Umgang führt oft dazu, daß das Verhältnis der Partner nur noch auf Gewohnheit beruht. Die Partner werden in ihren Rollen fixiert und können daher schlecht kommunizieren. Diese Lage spitzt sich natürlich durch die Kleinheit der Kernfamilie zu. Die Kommune braucht nicht unter diesen Schwierigkeiten zu leiden, weil sie die Freiheit besitzt, mit neuen Strukturen zu experimentieren, und weil die größere Mitgliederzahl ein größeres Reservoir an Ideen und Inspiration bedeutet.

Demgegenüber werden in der Kommune Schwierigkeiten entstehen, durch die unterschiedlichen Ziele der Mitglieder, durch Probleme mit der Arbeits- und Kompetenzverteilung, durch geringere Vorhersagbarkeit des Verlaufs von Aktivitäten (und deswegen vielleicht geringere individuelle Sicherheit) und durch eventuelle Cliquenbildung.

Die Kommune hält somit Entwicklungsmöglichkeiten für ihre Mitglieder bereit, die die Kernfamilie nicht zu bieten vermag. Die große Kontaktfläche des Kommunarden kann eine vermehrte Menschenkenntnis, mehr Inspiration und größere Toleranz mit sich führen. Die Gleichstellung von

Mann und Frau wird gefördert. Sexuelle Tabus und sonstige gesellschaftliche Normen können leichter abgebaut werden.

Zusammenfassend kann man sagen, daß die Kernfamilie leichter Sicherheit und Solidarität zu schaffen vermag. Es fällt ihr aber schwerer, ein sich stetig entwickelndes Milieu zu bilden. Bei der Kommune verhält es sich umgekehrt.

Es existieren mindest drei wesentliche Wege, die Probleme der Kommune zu lösen. Der erste Weg besteht darin, Rücksicht und Toleranz zu zeigen und ansonsten darauf zu hoffen, daß sich Solidarität und zweckmäßige Normen von selbst entwickeln. Dieses Verfahren haben wir während des ersten halben Jahres in Trørød angewandt. Das Resultat war nicht sehr überzeugend, da wir nur wenig Solidarität und Sicherheit erreichen konnten. Vielmehr schufen wir eine Situation, in der nur sehr wenige sich frei entfalten konnten. Ursache war, daß wir die Ziele der Kommune nicht gemeinsam erarbeiteten, daß wir in unseren Bestrebungen, tolerant zu sein, nicht unsere Aggressionen abbauen und unsere unmittelbaren Wünsche befriedigen konnten und daß wir auf Grund unserer unstrukturierten Situation dazu tendierten, unsere eigenen Ziele innerhalb von breitgefächerten Rahmennormen zu verfolgen, über die sich alle in der Kommune einigen konnten.

Das Problem der Kommune ist – wenn sie besser funktionieren soll als die Kernfamilie –, ihre Entwicklungsmöglichkeiten auszunutzen und die notwendige Solidarität und Sicherheit herbeizuführen. Die Entwicklung des einzelnen setzt aber gerade ein sicheres Milieu voraus, das von Vertrauen und Voraussagemöglichkeiten geprägt ist. Dadurch entsteht ein unangenehmes Paradoxon. Die Freiheit des einzelnen, sich zu entfalten und sich zu entwickeln, setzt ein gewisses Maß an Sicherheit voraus, und gleichzeitig erfordert die Sicherheit einen bestimmten Grad an Konformität, sowohl in Beziehung auf die Ziele als auch auf das Verhalten. Das Problem besteht also darin, die Forderung nach Freiheit und Entfaltungsmöglichkeiten mit der Forderung nach Konformität zu vereinbaren.

Eine andere Lösung wäre, daß eine Mehrheit in der Kommune klare Ziele und die Mittel, sie zu erreichen, formuliert. Danach übt die Gruppe auf diejenigen, die eine andere Meinung haben, einen pädagogischen Druck aus, um sie zur Übereinstimmung zu zwingen, und wenn das nicht gelingt, werden sie ausgeschlossen. An Stelle der ausgeschlossenen Mitglieder werden neue aufgenommen, die darauf eingestellt sind, die Ziele der Mehrheit anzuerkennen. Dieser Weg, der auf die Idee von einer homogenen Gruppe und auf die Selektion von geeigneten Mitgliedern aufbaut, hat aber gewisse negative Seiten. Es ist besonders zu betonen, daß diese Methode autoritär und konformistisch ist, daß sie eine Nichtanerkennung von Andersdenkenden bedeutet und vermutlich zu einer Kommune führen wird, in der ein fruchtbarer Meinungsaustausch nicht möglich sein wird.

Eine letzte Möglichkeit ist, weder die einzelne Person noch die allgemeinen Ziele dominieren zu lassen. Dies setzt eine Klärung der einzelnen Ziele und Mittel voraus und ist ein Versuch, aktiv die Haltungen und Verbindungen unter den Mitgliedern zu verändern. Das Wesentliche dieser Möglichkeit ist es, gegenüber der Kommune einen Lernstandpunkt einzunehmen, der bedeutet, daß kein Mensch von vornherein dazu geschaffen ist, in einer Kommune zu leben, und daß die Zielsetzung erst erlernt werden muß und nicht aufgezwungen werden kann. Dies läßt sich dadurch realisieren, daß man ganz bewußt Zusammenarbeit und Diskussionen sucht, die die Solidarität fördern und Einzelhaltungen verändern.

(Die Trørød-Kommune)

Die Großfamilie oder die Kommune ist vielleicht die einzige Rettung für viele schiffbrüchige Ehen.

Wir sind viele, die sich, der Illusion über die Hinlänglichkeit des Zweierverhältnisses beraubt, einer Alternative zum Mißglückten hinwenden. Vom Glauben an die zweistelligen Größen kommen wir natürlicherweise zu den mehrstelligen Möglichkeiten.

Viele von uns haben sich am Kontaktproblem verbrannt, sowohl menschlich als auch sexuell. Unser Entfaltungswunsch paßte eben nicht zu dem entsprechenden Wunsch des einen Gegenüber.

Daran zu glauben, daß die Kommune die sexuellen Bedürfnisse total zu befriedigen vermag, ist eine genauso große Illusion, wie an die Ehe als eine Art Wunderheilmittel in einer schlechten Welt zu glauben. Aber nicht auf sexuellem Gebiet erwarte ich die wichtigsten Resultate.

Genau wie ein Symphonieorchester die Möglichkeiten eines Musikstücks besser auszuschöpfen vermag als ein einzelnes Instrument, so glaube ich, daß die Kommune sowohl dem einzelnen als auch der Gemeinschaft einen besseren Rückhalt geben kann.

Die Kommune kann im Vergleich zu unserem früheren Einzel- oder Paargängertum ein größtmögliches «Feed-back» bedeuten. In der Kommune wird jeder seine Fähigkeiten besser ausnutzen können.

(Kristian Riis, in: *Hvedekorn*, Nr. 4/1968)

Die tausend Kernfamilien sind das vielgespriesene Fundament der Gesellschaft. Aber stimmt das auch? Ist die Kernfamilie nicht eine Form, die in Wirklichkeit schon abgedankt hat? Weshalb gibt es mehr Scheidungen, mehr Neurosen bei Kindern und Erwachsenen, größere Unzufriedenheit trotz Wohlstand und Wohlergehen? Die Kernfamilie ist vielleicht gar nicht das letzte Wort, denn es gibt sie erst seit sechzig bis siebzig Jahren. Früher gab es Großfamilien, zwar waren es Generationsfamilien, aber immerhin eine ausgeweitete Familie: viele Erwachsene, viele Kinder. Eine Gemeinschaft, die vielleicht nicht immer so idyllisch war, die aber jedenfalls die Gefühle der Einsamkeit, der Unsicherheit und das gefährliche Ich-bin-mir-selbst-genug ausgeschlossen hat. Aber es war eine aufgezwungene Gemeinschaft, durch Verwandtschaft und Umstände geschaffen. Wie wird dann die Gemeinschaft aussehen, die freiwillig und nach ganz anderen Prinzipien aufgebaut ist, und die besondere Auswahlkriterien besitzt?

(Bodil Graae: *Politiken*, 16.3.1969)

In der Kommune nimmt jede Generation den Platz ein, wofür sie sich am besten eignet. In zukünftigen Gesellschaften sollten Altersheime daher überflüssig sein. Man kann ja etwas darüber nachdenken, wie bezeichnend es für die Leistungsgesellschaft ist, daß die Alten, nachdem sie ihre gesellschaftliche Leistung erfüllt haben, auf den Schuttabladeplatz verfrachtet werden, und man kann sich über die Heuchelei wundern, die dies erlaubt, es aber andererseits verbietet, die Alten nach einer bestimmten Lebenszeit einfach umzubringen. Physischer Mord ist verboten, psychischer Mord erlaubt. So ist das . . .

(Kragh, in: *KoKoo*)

Kinder

Wir meinen, daß es wertvoll ist, Gefühle offen zeigen zu können. Die traditionelle Erziehung des Jungen unterdrückt aber gerade diese Fähigkeit. Das Mädchen soll zurückhaltend, hilfreich und warm sein, es soll seine Aggressionen beherrschen, intuitiv und einfühlend denken. Der Junge wird dazu erzogen, nach außen zu handeln, Probleme zu lösen, Initiative zu besitzen, konkurrenzfähig zu sein und logisch denken zu können. Beide Erziehungsmodelle haben positive Seiten, und es wäre deshalb schade, wenn man die Kinder nur einseitig entweder zur einen oder zur anderen Seite hin erzieht.

In der Erziehung unserer Kinder wollen wir daher versuchen, ihnen alle Möglichkeiten zu vermitteln, damit sie die Eigenschaften und Fähigkeiten entwickeln können, die in ihnen verborgen liegen, ganz gleich ob diese nun für das eine oder andere Geschlecht «typisch» gehalten werden. Wir sind uns darüber im klaren, daß wir unsere Kinder dadurch in schwierige Situationen bringen können, wenn sie in der großen Gesellschaft überleben sollen, wir glauben aber, daß sie Sicherheit gespürt haben und somit ein gesundes Selbstvertrauen entwickeln können, um sich dennoch zurechtzufinden.

In der Frage der Zugehörigkeitsverhältnisse haben wir uns darauf geeinigt, daß sich während des ersten Lebensjahres besonders die Mutter und der Vater um das Kind kümmern, einige andere eventuell helfen. Psychologische Untersuchungen haben gezeigt, daß es für das Kind sehr wichtig ist, im ersten Jahr nur eine oder sehr wenige feste Bezugspersonen zu haben, um sich später gefühlsmäßig und sozial harmonisch zu entwickeln. Es wäre nicht sehr zweckmäßig, wenn vierzehn verschiedene Leute abwechselnd das Kind wickeln, füttern und sich sonst um es kümmern. Wenn das Kind älter wird, glauben wir aber, daß es für die Entwicklung vorteilhaft ist, wenn das Kind sich mit mehreren Menschen identifizieren und sich an sie anschließen kann.

In der normalen Kleinfamilie gibt es besonders eine negative Konstellation, das wir in der Großfamilie umgehen können: Auf ein Kind aufzupassen ist eine Ganztagsbeschäftigung, und wenn Mütter müde werden, werden sie den Kindern gegenüber leicht aggressiv, die dafür natürlich nichts können. Hier im Haus gibt es in der Regel einen oder mehrere, die bereit sind, dann den «Job» zu übernehmen.

(Ann Sury und Per Brix Thomsen, in: *Jordens Folk*, Nr. 2/1969)

Sexualität

Die Institution der Ehe zeigt immer mehr Zerfallerscheinungen, obwohl wir zugeben müssen, daß die steigende Zahl der Scheidungen nicht notwendigerweise bedeutet, daß die Ehe an sich ihre Bedeutung verliert. Die Ehe erfüllt nur einen Zweck, der jetzt auch offen zugegeben wird, sie hat nämlich eine erotische und gefühlsmäßige Funktion. Eine solche Funktion führt zu vielen Scheidungen, aber auch zu vielen neuen Zweit- und Drittehen. Vorläufig wird damit die Dauer einer Ehe eingeschränkt, sie ist nicht mehr eine Bindung, die das ganze Leben halten muß. Außerdem bricht der «Treuemythos» zusammen. Der neuen Gesetzgebung zufolge soll die eheliche Untreue nicht mehr Scheidungsgrund sein. Möglicherweise wird die Anti-Baby-Pille die Frauen so weit emanzipieren, daß die Männer an der Treueidee festhalten werden. Außerdem werden die Frauen durch ihre wachsenden Bildungsmöglichkeiten genauso viele persönliche Beziehungen außerhalb der Familie aufnehmen wie der Mann sie als Selbstverständlichkeit heute hat. All dies kann nur bedeuten, daß die Institution Paar möglicherweise noch viele Jahre bestehen wird, daß sie aber durchbrochen werden wird – und daß daraus eine ganz neue Art der Ehe entstehen wird. Kollektive Wohnformen werden sicher auch dazu beitragen. Es erscheint ziemlich ausgeschlossen, daß die Treueidee in einer zukünftigen Gesellschaft aufrechterhalten werden kann. Die Gesetzgebung favorisiert jedoch in jeder Beziehung die Familienform, genau wie die ökonomische Grundlage der Gesellschaft auch. Es ist klar, daß man den Kapitalismus abschaffen muß, wenn man eine Gruppen-Kollektivität realisieren will und diese nicht auf verrückte, komplizierte Rechnungen und Kontrollen aufbauen soll.

In jeder Gruppe wird es Menschen geben, die «populärer» sind als andere, und dies ruft Eifersucht hervor. Die Eifersucht kann sich entweder im Verhältnis Mann–Frau oder Eltern–Kinder äußern. Wir haben alle eine Erziehung genossen, die Eifersuchtsprobleme unvermeidlich werden läßt. Ist bei einem Menschen die Anlage für Eifersucht stark ausgeprägt, sollte er sowohl zu seinem eigenen Besten als auch zu dem der Kommune von einem solchen Experiment absehen, zu dem die ersten Großfamilien notwendigerweise werden müssen. Auf längere Sicht, das heißt in etlichen Generationen, ist es jedoch wahrscheinlich, daß man das Eifersuchtsproblem völlig eliminieren kann und die Besitzmentalität gegenüber einem anderen Menschen ganz verschwindet. Die Großfamilie wird auf Grund der Lebensweise, die dort praktiziert wird, für das Prinzip, daß man sich nicht gegenseitig «besitzt», bahnbrechend sein. Im Laufe einiger Generationen wird sich dies Prinzip sicher ganz durchgesetzt haben.

(Bjørn Selden, in: *Emigrér*, Hans Reitzels Forlag, 1968)

Die Sexualität sollte eine so untergeordnete Rolle spielen, wie es in diesem Zusammenhang überhaupt möglich ist. Es sollte sich kein Ehepaar in der Hoffnung anmelden, daß Großfamilien die Möglichkeiten zum Partnertausch eröffnen. Wir wissen alle, daß es hier leichter sein wird als für die isolierte Familie. (. . .) Die Eifersucht wird sich wie gerufen einstellen, wenn man versucht, über die ehelichen Verhältnisse hinweg eine neue Sexualpraxis einzuführen, und die Eifersucht kann zum Ende einer Großfamilie führen. In jedem Fall bedeutet sie ein Risiko; es besteht jedoch kein Grund, jetzt ganz bewußt darauf anzuspielen, dazu ist die Idee der Großfamilie zu gut.

(Berl Kutchinsky, Interview in: *Ekstrabladet*, 12.10.67)

Die schönen Seiten des Gruppenlebens

Fühlt man sich einsam und möchte man aus diesem Grund in eine Kommune ziehen, so sollte man zu seinem eigenen Besten vorher überlegen, woher diese Einsamkeit stammt. Sonst werden die grundlegenden Probleme auch in der Kommune weiterbestehen, sie werden nie gelöst, das Verhalten gleicht einer Flucht, die Ansichten werden durch Angst geprägt sein. In der Kommune sollte man zwischen Einsamkeit und Zusammensein wählen können. Es muß für jedes Mitglied zumindest ein Zimmer vorhanden sein, außerdem sollte es einen großen Gemeinschaftsraum geben, damit man nicht vergebens herumzulaufen braucht, wenn man etwas auf dem Herzen hat.

(Jørgen Persson, in: *KoKoo*)

Das Individuum erhält weitaus mehr Entfaltungsmöglichkeiten, vorausgesetzt, daß sich in der Kommune eine Sicherheitssituation entwickelt (einer für alle – alle für einen) und daß man Teil einer solidarischen und kritischen Gruppe wird.

Das Individuum hat ein Recht auf offene Kritik – und das Recht, offene Kritik zu äußern –, ohne daß diese als persönliche Verfolgung verdächtigt wird und zu einer beleidigten und abgeschlossenen Haltung führt . . .

Man bekommt einen festen Ausgangspunkt für seine Handlungen, und es ist immer jemand da, zu dem man «nach Hause» kommen kann. Die Welt der Handlungen hört nicht bei der Gartenpforte oder beim Fernseher auf. Das Risiko ist natürlich vorhanden, daß man sich aus der umgebenden Welt ausschließt und selbstzufrieden wird, einfach aus dem Grunde, daß es innerhalb der eigenen vier Wände genug Beschäftigungen gibt. Es ist wichtig, diesen Faktor zu beachten.

Es kann nicht überraschen, daß Leute, die in Kommunen leben, selten in den traditionellen Kontaktmilieus zu finden sind, zum Beispiel auf Vereinsfesten, in Kneipen usw., denn ihr Kontaktbedarf wird zu Hause in der Kommune befriedigt. Andererseits weiten die vielen Aktivitäten, die man als Gruppe unternehmen kann, so stark Kontaktflächen aus, wie es für den einzelnen nicht möglich wäre. Man lernt eine Menge neuer Leute kennen, weil man sich mit vielen Dingen beschäftigt, die man früher kaum beachtet hatte. Die Summe der Kontakte wird somit wohl größer, sie werden weitaus relevanter und bewußter erlebt, und dadurch zufriedenstellender für den einzelnen. Schließlich wird eine Kommune fast immer von vielen Gästen besucht werden, was allein schon eine wesentliche Kontaktmöglichkeit bedeutet.

(Kragh, in: *KoKoo*)

Gemeinsames Wirtschaften

Kommt man in der Kommune zu einem gewissen Zeitpunkt von der Einzelwirtschaft zum gemeinsamen Wirtschaften, so bedeutet dies für den allgemeinen Konsum, daß jeder einzelne seinen persönlichen Bedarf im Verhältnis zur Gruppe betrachten muß und ganz bewußt die Motive, um dieses oder jenes anzuschaffen, von der Gruppenbasis her untersuchen muß.

Diese Tatsache wird zweifellos den allgemeinen Verbrauch einschränken – mit der daraus sich ergebenden Möglichkeit, daß einzelne oder mehrere Mitglieder sich mit Arbeiten beschäftigen, die entweder unbezahlt sind oder kein festes monatliches Einkommen einbringen. Ebenso gibt es mehr Möglichkeiten, die Arbeit je nach Lust zu wechseln und sich gegenüber den Bedingungen am Arbeitsplatz kritisch zu verhalten, da man nicht im gleichen Maß wie im «Normalfall» ein Lohnausfall bedrohlich werden kann.

(Knud Bennetsen, in: *Højskolebladet*, Nr. 7/1969)

Vielleicht kann die Kommune dazu beitragen, daß Menschen nicht nach dem traditionellen Schema in ein bestimmtes Arbeitsverhalten gedrängt werden, das sie ein ganzes Leben beibehalten, da sie ja leben müssen. In der Kommune kann man dem einzelnen, der ja die Gruppe als Rückendeckung hat, ermöglichen, den Arbeitsplatz zu wechseln, wenn es ihm so besser gefällt.

(Kristian Riis, in: *Hvedekorn*, Nr. 4/Herbst 1968)

Lenkung – Beschlüsse

Die Großfamilie muß nach demokratischen Regeln eine Hausordnung aufstellen und einmal wöchentlich eine Versammlung abhalten, um gemeinsame Probleme zu diskutieren. Man muß sich aber darüber im klaren sein, daß dem Mann in unserer Kultur und im herkömmlichen Erziehungsschema größere Bedeutung zufällt, auch wenn in der Großfamilie die Anzahl der weiblichen und männlichen Mitglieder übereinstimmt. Es ist jedoch denkbar, daß in der Großfamilie sich die Frauen gleichberechtigt äußern, da die Großfamilie selbst ja einen Bruch mit den Traditionen darstellt.

(Berl Kutchinsky, Interwiev in: *Ekstrabladet*, 12.10.1967)

Dadurch, daß die Ideen und Ansichten des einzelnen ernst genommen werden und auf den gemeinsamen Beschluß einen spürbaren Einfluß haben, wird das Verantwortlichkeitsgefühl für die Ausführung der Beschlüsse beim einzelnen gefördert, und somit erhält der Begriff «Demokratie» einen konkreten Inhalt, den man an anderen Stellen in unserer Gesellschaft kaum findet.

(Knud Bennetsen, in: *Højskolebladet*, Nr. 7/1969)

Definitionen und Zielsetzungen

Kommunen und Großfamilien sind die zwei Bezeichnungen, die man meistens ohne Unterschied benutzt, um die Gruppenbildungen zu bezeichnen, die sich bis jetzt etabliert haben. Will man die beiden Begriffe voneinander unterscheiden, muß man die Zielsetzungen voneinander trennen. In der Großfamilie beschäftigt man sich überwiegend mit den traditionellen familiären Funktionen (nur unter neuen Aspekten), während Kommune mehr durch ein aktives politisches Engagement gekennzeichnet ist. Es ist jedoch möglich, eine Gruppe jeweils dem einen oder anderen Begriff zuzuordnen, da in jeder Gruppe Elemente beider Zielvorstellungen vorhanden sein werden.

Wir beschäftigen uns mit einem sozialen Experiment. Wenn es irgendwann schiefgeht, können wir versuchen, die Ursachen zu analysieren und möglicherweise die «Versuchsbedingungen» zu revidieren, und wenn selbst dies nichts ändert, besteht für jeden immer noch die Möglichkeit, das Experiment aufzugeben.

Die Kommune ist ein Angebot, für kurze oder längere Zeit neue soziale Erlebnisse zu haben, sie ist kein Versuch, eine bestimmte Lebensform zu monopolisieren!

Man kann eine Kommune als eine Gruppe von Menschen definieren, die bewußt versuchen, ein gemeinsames Ziel zu realisieren, und die darüber hinaus neue Ziele erarbeiten. Hieraus geht hervor, daß es unmöglich ist, eine eindeutige Definition der Kommune zu geben, da in jeder Kommune die Struktur und das jeweilige äußere Bild von den Menschen abhängt, aus den die Kommune besteht. Dies ändert jedoch nichts daran, daß ein Großteil der Erwartungen, die an diese Lebensform gestellt werden, bei den meisten Kommunen gleich sind.

(Knud Bennetsen, in: *Højskolebladet*, Nr. 7/1969)

Eine Gruppe von interessierten Leuten könnte sicher darangehen, eine Kommune zu gründen, über deren Ziele vorher Einigkeit herrscht. Man könnte auch die Voraussetzungen jedes einzelnen beschreiben und auf dieser Grundlage detaillierte Spielregeln aufstellen, die zum Ziel führen müßten. Uns überkam jedoch ziemlich schnell ein kollektives Mißtrauen gegenüber der Brauchbarkeit einer derart aufgestellten deduktiven Theorie. Wir betrachten das Spiel als ein zu komplexes, als daß die Probleme, die den Beginn einer Kommune betreffen, vorher gelöst werden könnten. Wir sind nämlich davon überzeugt, daß das kollektive Leben an sich sowohl die Zielvorstellungen wie auch die Voraussetzungen so stark und auf eine so unvorhersagbare Weise beeinflussen wird, daß selbst die tiefsinnigsten, vorher festglegten Spielregeln schnell veralten werden. Eine Kommune ins Leben zu rufen, muß also in jedem Fall als ein Versuch aufgefaßt werden.

(Die Kollektivgruppe der Studentengemeinschaft KoKoo)

Da man in der Kommune selbst diejenigen Werte auswählt, die man realisieren möchte, ist es nur angemessen, diese und die dazugehörigen Normen mit denjenigen übereinstimmen zu lassen, die man in der Gesamtgesellschaft realisieren möchte, das heißt mit seiner politischen Überzeugung. Nimmt man Abstand von der Verherrlichung der autoritären Konkurrenzgesellschaft aus konsumierenden, selbstzufriedenen Individuen, die dafür belohnt werden, eine Situation zu ihrem eigenen Vorteil auszunutzen, dann ist es einleuchtend, daß man in der Kommune versucht, ein Normensystem aufzubauen, das von Werten wie Gleichheit, Selbstentfaltung, Offenheit und Ehrlichkeit ausgeht. Der persönliche Umstellungsprozeß, nun anstatt auf Kosten anderer, *durch* andere zu handeln, zu leben und erleben, ist langwierig und schwer, da man schnell erfährt, in welchem Maß Einstellungen und Verhaltensweisen ein Produkt der Normen der Gesellschaft sind, aus der man sich zurückziehen möchte. Auf lange Sicht bedeutet die Tatsache, einen Teil seines Alltags in einem selbstgewählten System zu verbringen, daß man die Verbürgerlichung vermeidet, die eine immer undurchschaubarer werdende Integration im «System» langsam aber sicher mit sich führt. Anders ausgedrückt heißt das, daß man seine Revolte durch die Kommune institutionalisiert und dadurch mehr Möglichkeiten schafft, von ihr festgehalten zu werden.

(Knud Bennetsen, in: *Højskolebladet*, Nr. 7/1969)

In der Kommune läßt sich die so oft gepriesene freie Initiative zum Besten der Gemeinschaft entfalten, anstatt auf Kosten anderer und zum eigenen Besten, wie es in der Konkurrenzgesellschaft der Fall ist.

Als eine Folge der Veränderungen der Status- und Prestigenormen, die in der Kommune unweigerlich eintreten werden, verlieren die materiellen Dinge ihren Wert als Symbole. Wenn man sich miteinander unterhalten will, ist es nicht mehr eine Bedingung, dieselben «Dinge» zu besitzen (das heißt der gleichen Klasse anzugehören).

Die grundlegende Einstellung zu Dingen wird die sein, daß sie, wie es ursprünglich auch vorgesehen war, Allgemeinbesitz werden: Werkzeuge für Menschen. Der Bedarf an solchen Dingen, deren Prestigewert erst durch die Werbung hervorgerufen worden ist, wird abgebaut, weil es ja für die Gruppe keinen «Prestigeverlust» bedeutet, für die Gruppe wertlose Gegenstände zu besitzen.

In Kommunen mit kollektiver Wirtschaft wird der allgemeine Konsum daher stark eingeschränkt werden, da die Gruppe als Ganzes gegenüber Neuanschaffungen, die den oben genannten «Werkzeugwert» nicht haben, kritischer wird. Daher kann man feststellen, daß die Kommune ihre Mitglieder den Kräften, die einen künstlerischen Bedarf hervorrufen (Zeitungen, Werbung usw.), entzieht, im Gegensatz zur Kernfamilie, die gerade so programmiert ist, daß die Werbeleute genau wissen, welche Knöpfe sie drücken müssen, um für neue, in Wirklichkeit überflüssige Produkte, Bedarf zu wecken. Kommunen sind für die Konsumgesellschaft nicht ganz ungefährlich, da sie ja darauf angewiesen ist, den Konsum in Gang zu halten.

(Kragh, in: *KoKoo*)

Unter der Voraussetzung, daß auch nur ein Teil der Erwartungen, die an die Kommune gestellt werden, mit der Zeit verwirklicht werden, wird für ihre Mitglieder ein stetig wachsender Normenkonflikt zwischen der Kommune und der sie umgebenden Gesellschaft die Folge sein. Wird der einzelne Mensch diesen Zwiespalt ertragen können, oder muß er, um seine psychische Gesundheit zu bewahren, damit anfangen, Betriebe, Geschäfte und Ausbildungsinstitutionen zu errichten, die auf den gleichen Werten aufbauen wie die Kommune? Soll die Kommune eine gemütliche Zufluchtsstätte sein oder eine Basis für nach außen gerichtete politische Aktionen gegen eine Gesellschaft, deren wesentlichste Kennzeichen physische und psychische Not sind? Die Antwort wird in einigen Jahren aus den Tageszeitungen zu ersehen sein . . .

(Knud Bennetsen, in: *Lærerstuderendes Landsblad*, Nr. 4/1968)

Die Kommune ist eine Gesellschaftsform für sich. Außerhalb der Kommune floriert die «übrige» Gesellschaft. Als Bestandteil dieser Gesellschaft muß die Kommune nach außen jedenfalls den Spielregeln des kapitalistisch-demokratischen Systems entsprechen, nach innen ist sie jedoch einigermaßen frei. Wenn die Gesellschaft, so wie sie ist, gut wäre, wäre die Existenz von Kommunen nicht berechtigt, könnte man denken. Vielleicht ist die Gesellschaft schlecht, immerhin steht es fest, daß die Kommune besser ist. Wenn wir als Ausgangspunkt annähmen, daß die Gesellschaft auf dem falschen Weg ist, müßten wir eine eventuelle Zielsetzung der Kommune auf der Grundlage der falschen Schritte der Gesellschaft aufbauen. Eine solche Zielsetzung ließe sich kaum formulieren, wenn man gleichzeitig eine Kommune bewohnen müßte, in der nicht die negativen Seiten der Gesellschaft am bedrängendsten sind, sondern die eigenen Probleme der Kommune. Die Kommune ist eine komplementäre Erscheinung zum Großteil der linken, politisch aktiven Jugend. Es werden laufend von Kommune zu Kommune Umgruppierungen der Mitglieder stattfinden. Laßt diesen Prozeß, der spontan angefangen hat, seinen Lauf nehmen. Und laßt uns die Erfahrungen in einem Kommunikationszentrum sammeln, wo sämtliche Kommunen ohne Rücksicht auf ihre individuellen Ziele miteinander in Kontakt treten können.

(Jørgen Persson, in: *KoKoo*)

Die Zukunft

Die Kommunen können als ein Experiment mit neuen Gesellschaftsstrukturen angesehen werden. In einer Gemeinschaft erfährt man bewußt die Auswirkungen dessen, was es heißt, als Sozialist mit der Verantwortung gegenüber einer Gruppe von Menschen zu leben, mit der man täglich Kontakt hat. (Kragh, in: *KoKoo*)

Anmerkung des deutschen Herausgebers

Da es zum Problem der Kommune noch kaum Literatur gibt, haben die Herausgeber des ‹*Dänischen Kommunebuchs*› Auszüge aus verschiedenen Zeitungen und Zeitschriften zum Thema «Kommune» gesammelt. In den Quellenangaben werden folgende Zeitungen, Zeitschriften genannt:

Ekstrabladet und *Politiken* sind dänische Tageszeitungen.

Hvedekorn ist eine Literaturzeitschrift, die sich auch mit gesellschaftlichen Problemen auseinandersetzt.

Jordens Folk ist eine Zeitung der «Sub-Kultur» in Dänemark.

Højskolebladet und *Lærerstuderendes Landsblad* sind Studentenzeitschriften, die von den Hochschulen bzw. von den Pädagogischen Hochschulen herausgegeben werden.

Darüber hinaus sind noch Zitate aus zwei Büchern angeführt. Diese sind:

Ole Grünbaum: ‹*Emigrér*›, Hans Reitzels Forlag, 1968.

Kollektivet-En Kogebog. Herausgegeben von der KoKoo (Kollektiv Koordineringen) im Eigenverlag, Kopenhagen 1969; zitiert als *Kokoo*.

Nachwort der dänischen Herausgeber

Es herrscht wohl einige Verwirrung über den richtigen Gebrauch der Bezeichnungen Kommune, Wohngemeinschaft und Großfamilie. Die meisten Gruppen nehmen für sich eine dieser Bezeichnungen in Anspruch. Meist unterscheiden sie zwischen Kommune und Großfamilie. In der öffentlichen Diskussion haben diese Bezeichnungen jedoch die gleiche Bedeutung, wie es auch in diesem Buch der Fall ist. Eine Kommune oder eine Wohngemeinschaft oder eine Großfamilie ist eine Gruppe von Menschen, die zusammen wohnt und deren Alltag gemeinsam verläuft.

Wir haben uns in diesem Buch hauptsächlich mit Gruppen von sieben bis siebzehn Personen beschäftigt, die ihrem Großfamilien-Experiment durch Hauskauf oder langfristige Mietverträge einen stabilen äußeren Rahmen gegeben haben.

Die Gemeinschaft

Der Grad der Gemeinsamkeit verändert sich von einer Großfamilie zur anderen. Bei einigen gibt es eine gemeinsame Kasse und einen gemeinsamen Schlafraum. Bei anderen teilt man sich nur die traditionellen häuslichen Tätigkeiten wie Kochen und Saubermachen. Die Idealvorstellung ist fast überall die totale Gemeinschaft, manche Großfamilien sind aber sehr vorsichtig und beginnen nicht sofort mit ihrer Verwirklichung.

Die vielen Regeln, die von vorsichtigen Leuten vor dem Zusammenschluß zu einer Großfamilie aufgestellt werden, erweisen sich nämlich oft als nicht anwendbar, sobald man von der Theorie in die Praxis überwechselt.

In vielen Kommunen entwickelt sich eine praktische Gemeinschaft, zum Beispiel bei Schmuck und Kleidung, die nicht durch Regeln, sondern höchstens durch ein Leihsystem gelenkt wird.

Die gemeinschaftlichen Aufgaben im Haushalt werden mit einem Minimum an Regeln oder ganz ohne Regeln verrichtet. In manchen Kommunen wechseln die Aufgaben regelmäßig von einem Mitglied zum anderen, in anderen Gruppen hat jedes Mitglied für bestimmte Perioden festgelegte Aufgaben. Der allgemeine Eindruck ist der, daß die Unzufriedenheit dort am größten ist, wo es keine Regelung gibt. Die Regeln garantieren eine gleiche Verteilung der häuslichen Arbeiten unter den Geschlechtern.

Es ist schwierig, etwas Generelles über das gemeinsame Wirtschaften auszusagen. Mancherorts funktioniert es so gut, daß eine Minderheit der Kommune-Mitglieder abwechselnd die ganze Kommune versorgen konnte. In anderen Kommunen geht es so schlecht, daß die Gruppe von einem Tag zum nächsten wirtschaften muß oder daß sie ab und zu völlig mittellos und so die Vorteile einer geplanten Haushaltsführung nicht nutzen kann.

Die Wirtschaft

Meist werden die finanziellen Probleme gemeinschaftlich von der ganzen Gruppe geregelt. Sie beschließt, wieviel jedes Mitglied aufbringen muß und wofür das Geld ausgegeben wird. In einigen Kommunen bezahlt jedes erwachsene Mitglied einen feststehenden, für alle gleichen Betrag. In anderen Fällen wird die «Miete» nach der Zimmergröße oder nach der Anzahl der Kinder berechnet usw. In der Regel tendiert man aber dazu, daß alle den gleichen Betrag aufbringen. Je mehr verschiedene Einzelkassen (für den Unterhalt des Hauses, für Kinder, Transportkosten usw.) man einrichtet, desto schwieriger wird es für die wirtschaftlich schwächer gestellten Mitglieder der Gruppe. Daher sollte man diesen zugestehen, einen geringeren Betrag für die Gemeinschaftskasse aufzubringen. Man nähert sich damit dem idealen Prinzip der gemeinsamen Wirtschaft: nach Fähigkeit geben und nach Bedarf nehmen.

Besitz oder Miete

Ziemlich viele Großfamilien sind selbst Hauseigentümer. In Wirklichkeit sind es natürlich Banken und Kreditinstitute, die Besitzer sind, die Kommune hat aber als Eigentümer viel mehr Verfügungsmöglichkeiten über ihre «eigene» Wohnung als über eine gemietete.

Diejenigen Großfamilien, die selbst Eigentümer ihrer Wohnung sind, hatten einige Schwierigkeiten, juristisch als kollektive Besitzer anerkannt zu werden. Deshalb hat man Aktiengesellschaften, Wohnungsgenossenschaften und ähnliches gründen müssen, was die Großfamilien auf schwierige und unüberschaubare Regelungen verpflichtete. Die Anzahlung, die die Gruppe für ihre Wohnung aufgebracht hat, ist natürlich aus Beiträgen aller Mitglieder eingesammelt worden, und in den meisten Fällen gibt es feste Regeln, unter welchen Umständen und wie schnell man seinen Beitrag zurückerhält, wenn man die Kommune verläßt.

Die Regelung über die Zurückzahlung von Beiträgen hat einige Schwierigkeiten verursacht. Es hat sich nämlich gezeigt, daß Großfamilien in den seltensten Fällen so fest sind, wie es die Regeln fordern, nach denen sie funktionieren sollten. Wenn eine Kommune innerhalb einer kurzen Frist eine oder mehrere Einlagen zurückerstatten muß, ist die Gruppe normalerweise gezwungen, neue Mitglieder aufzunehmen, die von der Gruppe akzeptiert werden können und selbst wünschen, in die Kommune aufgenommen zu werden, aber darüber hinaus eben noch die notwendige finanzielle Einlage innerhalb kurzer Zeit aufbringen können. Diese ökonomische Forderung hat sich als ziemlich unangenehm erwiesen, und in mehreren Fällen hat sie die Aufnahme neuer Mitglieder bedeutend erschwert.

Der Wunsch, selbst Eigentümer seiner Wohnung zu sein, ist sicher ein Resultat der Erfahrungen als Mieter mit dem privaten Wohnungsmarkt, wo Jugendliche, die Mieter eines Einzelzimmers sind, oft die Einmischung eines aufdringlichen Vermieters in ihr Privatleben dulden müssen.

Falls man seine Wohnung nicht durch Kauf erwerben kann, sollte man einen langfristigen Vertrag aushandeln. Sonst ist die Sicherheit nicht gerade sehr groß. Die Erfahrungen haben gelehrt, daß in weiten Kreisen der Gesellschaft ein ausgeprägter Widerstand gegen Großfamilien herrscht. Es hat zahlreiche Konfliktsituationen gegeben, wo Nachbarn versucht haben, eine Kommune aus ihrer Wohnung vertreiben zu lassen.

Die Stabilität

Mehrere Großfamilien haben durch Hauskauf oder durch die Gründung einer Wohnungsgenossenschaft den Fortbestand der Kommune als Institution gesichert, um so einen Unsicherheitsfaktor – die Ausdauer der Gründungsmitglieder – zu umgehen. Sie haben dadurch der Gruppe eine gewisse äußere Stabilität verleihen können.

In Wirklichkeit setzen sich die Kommunen heute in den seltensten Fällen aus den Mitgliedern zusammen, die die Kommune gegründet haben. Der weitaus größte Teil ist schon nach sehr kurzer Zeit ausgeschieden, oder die Kommunen haben sich sogar ganz aufgelöst. Man kann feststellen, daß nur sehr wenige Kommunarden, die eine Gruppe verlassen, sich nicht wieder in einer Kommune engagieren, teilweise bauen sie wieder ganz neue Gruppen auf.

Es ist schlecht möglich, aus Auflösungen oder Scheidungen generelle Erfahrungswerte zu erhalten. Ein Paarverhältnis löst sich weder einfach noch schmerzlos auf, und dies wird in einer Großfamilie noch schwieriger, da die Partner sich ja nicht ganz voneinander trennen, sondern lernen müssen, sich zueinander anders zu verhalten. Das Ergebnis ist dann oft, daß einer oder beide Partner die Kommune verlassen.

Einer Gruppe kann es sehr schwerfallen, sich zu ergänzen, nachdem ein Mitglied ausgezogen ist. Jemanden zu finden, den alle Mitglieder der Gruppe akzeptieren können, ist ein mühsames Geschäft. In einer Großfamilie versuchte man, dieses Problem durch eine einmonatige Probezeit zu lösen. In dieser Zeit war die Kommune der Prüfung durch den «Bewerber» unterworfen und umgekehrt. Nach Ablauf der Probezeit sollten beide Parteien sich zu einer eventuellen Aufnahme äußern. Das war die Theorie; in der Praxis erwies es sich jedoch als schwierig, die Regelung wie beabsichtigt auszunutzen. Der jeweilige Bewerber merkt meist ziemlich schnell, ob er von der Gruppe anerkannt wird oder nicht, und im Endeffekt wird die Entscheidung schon vor Ende der Probezeit vorweggenommen.

Ausgehend von den Erfahrungen, die bis jetzt gemacht worden sind, kann man nur betonen, daß eine gewisse Stabilität Voraussetzung für Experimente ist, wenn diese nicht mißglücken und sich im Sande verlaufen sollen.

Während der ersten Zeit der Kommune-Diskussion wurden oft die Möglichkeiten der Kommune als Zentrum für politische Aktivitäten betont – und viele Kommunarden kamen aus politisch engagierten Kreisen. Man erwartete, daß die Kommune eine alternative Lebensform ins Leben rufen könnten und daß sich auf dieser Basis innerhalb der bestehenden Gesellschaft eine Gegengesellschaft bilden könnte.

Als die Kommunen dann schließlich aufgebaut waren, zeigte sich, daß die internen Probleme der einzelnen Kommunen im Vordergrund standen und nicht die der Gesellschaft. Man verbrachte viel Zeit damit, die Rollenspiele der Mitglieder aufzudecken und eine Atmosphäre der Solidarität und Sicherheit zu schaffen, damit die einzelnen Mitglieder der Großfamilie sich öffnen und sich zu ihren Träumen und Problemen bekennen konnten.

Diese Aufgabe wurde jedoch nicht sonderlich systematisch angepackt. In den meisten Fällen schlossen sich die Gruppenmitglieder wieder ab – ihrer idealistischen Visionen beraubt, in denen die Gemeinschaft der Kommune die Basis für gesamtgesellschaftliche Veränderungen hätte bilden sollen. Soweit wir wissen, hat man sich nirgends mit grundsätzlichen Analysen der eigenen Situation in der Kommune beschäftigt. Es war somit unmöglich, Aufzeichnungen über den Verlauf eines Kommune-Experiments aufzutreiben. Dies ist an und für sich natürlich, nur wundert es uns ein wenig, da die Kommune ja immer als ein Experiment bezeichnet wurde und nicht als eine sichere Lösung aller Probleme.

Beschlüsse

Wenn man zielbewußt experimentieren will – dies braucht natürlich nicht als Zwang aufgefaßt zu werden –, ist es notwendig, dem Experiment einen gewissen Rahmen zu geben und konsequent am Experiment festzuhalten. Man sollte versuchen, den Experimentalcharakter zu verstehen und aus dem Experiment selbst zu lernen, ob es nun glückt oder nicht. In vielen Fällen hat dieses Festhalten am Experiment gefehlt, man hat einfach seine Ideen aufgegeben, ohne zu versuchen, die Ursachen des Scheiterns aufzuspüren. Als Beispiel für Experimente, die sich aus dem täglichen Leben der Kommune ergeben, möchten wir die Beschlußfassung erwähnen. In vielen Kommunen war man der Ansicht, daß es unglücklich oder sogar der Solidarität abträglich sei, Beschlüsse, denen eine Minderheit oder auch nur ein Mitglied negativ gegenüberstand, durchzusetzen. In diesen Gruppen hat also das Veto eines einzigen Mitglieds einen Beschluß verhindern können. In anderen Kommunen hat man sich für den Mehrheitsbeschluß entschieden.

In der Praxis ist es oft unmöglich oder unnötig, jedesmal, wenn etwas beschlossen werden muß, alle Mitglieder der Kommune zu versammeln. Daher gibt es auch gewisse Regeln, wann etwas von allen entschieden werden muß und wann der einzelne selbst entscheiden kann.

In mehreren Großfamilien ist versucht worden, die Beschlüsse aufzuteilen in solche, die sich eventuell noch revidieren lassen, und solche, die nicht rückgängig zu machen sind. Beschlüsse der ersten Art kann jedes Mitglied selbst treffen, die nicht revidierbaren Beschlüsse erfordern eine Absprache mit der ganzen Gruppe. Derartige Regeln können aber kaum etwas darüber aussagen, wie die Beschlüsse in Wirklichkeit getroffen werden, oder wer im Endeffekt eigentlich entscheidet. Wenn mehrere Menschen zusammen wohnen und sich und ihre Erwartungen voneinander näher kennenlernen, kann dies zu einem Gruppenzwang führen, der es dem einzelnen Mitglied fast unmöglich macht, sich auf die Dauer einer Entscheidung zu widersetzen, über die bei den übrigen Mitgliedern Einigkeit erzielt worden ist.

Die Schwierigkeit, eine Großfamilie zusammenzuhalten und ein Gruppenbewußtsein auszubilden, hat sehr oft dazu geführt, daß ursprüngliche Bemühungen, sich selbst und die anderen Mitglieder wirklich kennenzulernen, und die Frustrationen und psychischen Probleme, die sich unweigerlich einstellen, einzusehen, zu verstehen und sie in der Gemeinschaft zu überwinden, im Laufe der Zeit aufgegeben wurden.

Ein großer Teil des Lebens in der Großfamilie vergeht mit Diskussionen: Man redet miteinander, um so zu einem besseren Verständnis des anderen zu kommen. Dies ist eine unumgängliche Folge des Zusammenlebens, obwohl vielen das dauernde Gerede ab und zu auf die Nerven geht. In mehreren Kommunen hat man von dem großen Zeitdruck gesprochen, der in vielen Fällen eine echte Lösung von Problemen verhindert. Andererseits erlebt man in der Kommune viel mehr als im «normalen» Leben. Ein Kommunarde behauptete zum Beispiel auf einem Treffen, daß ein Kommune-Jahr sieben normalen Lebensjahren entspräche.

Die Motive

Die ersten Schwierigkeiten einer Kommune lassen sich in der Regel auf die Motive der einzelnen Mitglieder, weshalb sie sich der Großfamilie angeschlossen haben, zurückführen.

Hauptmotiv ist in den meisten Fällen der stark emotional bedingte Zusammenhalt, den die Kommune bilden kann. Ein weiteres starkes Motiv ist der Wunsch, mit einer Gruppe ein konkretes Ziel oder ein bestimmtes Projekt zu realisieren, wobei die Kommune dafür die geeignetsten Arbeitsbedingungen bietet. Solche Motive sind stark genug, um eine Gruppe zusammenzuhalten und ihr das Erreichen ihrer Ziele zu ermöglichen.

Der bloße Wunsch, sich von einer traditionellen Lebensform zu lösen, ist ein weitaus schwächeres Motiv. Auch ideologische Motive haben sich nicht in allen Fällen als überzeugend erwiesen. Diejenigen Großfamilien, die mit dem Ziel entstanden, vor allem eine genaue und ideologische Darstellung der psychologischen Misere der Kernfamilie zu erarbeiten, fangen schnell damit an, engere Formen der Gemeinschaft, als nur die des Zusammenwohnens zu entwickeln, nachdem das erste Engagement vorüber ist. Viele Gruppen suchen zum Beispiel eine Produktionsgemeinschaft zu verwirklichen, die alle Mitglieder der Gruppe zu engagieren vermag.

Natürlich läßt sich im Rahmen der Großfamilie ein konkretes Ziel verfolgen. Die wesentlichsten Funktionen der Großfamilie lassen sich schon an ihren Namen ablesen: Sie ist eine ökonomische Einheit, die für die Freizeit, das Sexualleben und die Kindererziehung der Mitglieder den äußeren Rahmen darstellt. Diese Beschreibung der Großfamilie ist sozialer Natur, und sie macht zudem generelle Aussagen über die sozialen Aufgaben einer Großfamilie.

Voraussetzung dafür, daß die Großfamilien nicht bei einer Linderung der Wohnprobleme und anderer sozialer Nöte stehenbleibt, ist es, daß sie sich selbst in sozialem und politischem Zusammenhang begreifen müssen. Auf dieses politische Selbstverständnis sollten die Ziele der Kommune aufbauen.

Die Mehrzahl der existierenden Kommunen hat kaum analytische Untersuchungen ihrer eigenen Situationen gestellt. Höchstens gibt es die Vorstellung, daß sich die Zahl der Kommunen laufend vergrößern wird, bis die Ideale der Kommune in einem friedlichen Wettstreit mit der sie umgebenden Gesellschaft gewonnen haben. Eine derartige Theorie der friedlichen Koexistenz verschließt sich aber vor der Wirklichkeit. Sie kann nur als eine Folge des übertriebenen Optimismus angesehen werden, der überall ins Kraut schoß, als die ersten Kommunen gegründet wurden.

Man kann nicht zu einem Verständnis einer sozialen oder politischen Institution kommen, ohne ihre soziale oder politische Umwelt zu beachten. Und die Umwelt der heutigen Kommunen ist eine kapitalistisch-bürokratische Gesellschaft, deren materielle Macht der Kraft der Kommune-Idee weit überlegen ist. Es ist daher kaum denkbar, daß sich die Ideale der Großfamilie in größerem Umfang verwirklichen lassen, ohne daß dies mit einer umfassenden Veränderung des gesamten sozialen Systems verbunden wäre. Und für eine solche Veränderung sind nicht einmal viele Großfamilien stark genug. Man kann das Dasein nur verändern, wenn man die Gesamtheit der Gesellschaft und nicht nur Details verändert.

Großfamilien reformieren in vieler Beziehung die Praxis. Diese Reform läßt sich aber sicher in den sozialen Rahmen der bestehenden Gesellschaft einordnen. Gleichzeitig ist die Großfamilie aber auch eine Utopie: Sie ist ein Traum vom Menschen, der zur Liebe fähig ist und auf Kooperation eingestellt ist. Als konkreter Teil einer Utopie kann die Kommune vielleicht Vorstellungen und Inspirationen vermitteln, die einmal zur Verwirklichung von kollektiven Idealvorstellungen unter gesamtgesellschaftlichem Aspekt führen können.

Bis auf weiteres jedoch stellt die Großfamilie eine neue Art zu leben dar, eine Lebensform, die in manchen Beziehungen offensichtlich bessere Möglichkeiten als die herkömmliche Kernfamilie bietet.

Sex und Kindererziehung

Begriffe wie «Gruppensex» und «Promiskuität» gehören mit zu dem Image der Großfamilien, das die Massenmedien der Öffentlichkeit vermittelt haben. Im täglichen Leben der Großfamilien spielen diese Dinge jedoch nur eine untergeordnete Rolle. Im Gegenteil, wir können jetzt feststellen, daß die Entwicklung in der Großfamilie sich auf Paarverhältnisse eher positiv auswirkt. Das liegt unter anderem natürlich daran, daß eine Trennung vom Partner auch eine Trennung von der Großfamilie bedeutet, da es in der Regel wohl schwierig ist, weiterhin zusammen zu leben, wenn man sich darauf geeinigt hat, ein Paarverhältnis aufzulösen. Von daher betrachtet, ist es vielleicht doch kein Vorteil, daß Paarverhältnisse gefestigt werden.

Es ist aber nicht entscheidend, ob die Mitglieder einer Kommune als Paare leben oder ob sie Gruppensex betreiben. Wenn man bedenkt, daß das größte sexuelle Problem die Angst vor dem Sexuellen und die Unterdrükkung der Sexualität ist, so ist es weitaus entscheidender, daß der einzelne, aber auch die Gemeinschaft, ihre Fähigkeit, Liebe zu zeigen, entwickelt.

Die normale Kernfamilie erfüllt vortrefflich ihre Aufgabe, das Gefühlsleben und die Sexualität der Kinder zu unterdrücken. Diese Unterdrükkung erstreckt sich von utopischen und idealistischen Hoffnungen, daß Kinder gar kein Sexualleben haben (dieses «erwacht» erst mit der Pubertät), bis zu Reaktionen wie Verschweigen, Tabuisierung und direkter Unterdrückung, wozu sexualängstliche Eltern greifen, wenn es sich herausstellt, daß ihre Kinder doch sexuelle Triebe besitzen. Und diese haben sie ja bekanntlich von klein auf an.

Das fast Geniale an der Struktur der Kernfamilie besteht eben darin, daß die Sexualtriebe der Kinder nur gegen die Eltern gerichtet werden können, die sie jedoch nicht erwidern können. Auf diese Weise sichert die Gesellschaft sich ab, indem der überwiegende Teil der Bevölkerung in Sexualangst und Sexualfeindlichkeit aufwächst und somit an einer freien Selbstentfaltung gehindert wird. So werden autoritäre politische und soziale Systeme stabilisiert.

Gerade in der Kindererziehung kann die Großfamilie echte Alternativen zur herkömmlichen Erziehung anbieten. Die Möglichkeiten der Großfamilie können natürlich sowohl im guten als auch im schlechten Sinne genutzt werden. Mehrere erwachsene Bezugspersonen sind ein Vorteil für das Kind, jedoch nur unter der Voraussetzung, daß die Erwachsenen sich über gemeinsame Richtlinien der Erziehung einigen können. Andernfalls führt es nur zu Mißtrauen gegenüber den Erwachsenen.

Natürlich kann man auch in der traditionellen Kernfamilie versuchen, seinen Kindern ein offenes und bejahendes Verhältnis zu ihrer Sexualität zu vermitteln. Die Möglichkeiten dazu sind weniger gut als in einer Großfamilie mit vielen Kindern. In einer Großfamilie mit mehreren gleichaltrigen Kindern gibt es viel mehr Möglichkeiten eines natürlichen «Sexuallebens» unter den Kindern als in der Kernfamilie. Schließlich kann man noch anführen, daß die Kindererziehung immer Erwachsene in Situationen bringt, in denen ihre eigenen Hemmungen aufgedeckt werden. Eine sexuell positive Kindererziehung kann gleichzeitig dazu führen, daß die Mitglieder der Großfamilie sich über ihre eigenen sexuellen Frustrationen klarwerden und sie überwinden lernen.

Nachtrag zur deutschen Ausgabe

Die heutige Situation

Alle drei im «Dänischen Kommunebuch» interviewten Kommunen bestehen noch heute, nur hat sich die Zusammensetzung der Mitglieder in allen Fällen verändert.

In der *Kana-Kommune* sind seit den Interviews sieben Mitglieder ausgezogen, es sind jedoch eine entsprechende Anzahl neuer Mitglieder hinzugekommen, so daß die Gesamtmitgliederzahl, auch aus ökonomischen Gründen, konstant geblieben ist. Außerdem sind in der Kommune noch einige Kinder dazugekommen. Bei dieser Kommune hat sich eine interessante Entwicklung bemerkbar gemacht, die die Landflucht früherer Zeiten umkehrt und für die die Kommunen eine gute Voraussetzung bieten. Die Mitglieder, die ursprünglich hauptsächlich Studenten waren, haben entweder ihr Studium beendet, oder es sind neue, arbeitende Mitglieder hinzugekommen, so daß die Kommune nicht unbedingt auf das Stadtleben (Universität) angewiesen ist. Dazu hat man mit anderen Kommunen auf dem Land Kontakt aufgenommen und praktiziert mit ihnen einen laufenden Austausch, wobei sich drei Kommunen zu einem Kommune-Verbund zusammengeschlossen haben, in der alle Mitglieder ihren jeweiligen Wohnort auswählen können. Zum Teil fungieren die Kommunen auf dem Land auch als Erholungsort für vom Stadtleben erschlaffte Kommunarden.

Die Trørød-Kommune besteht heute ebenfalls noch, aber auch hier haben einige der ursprünglichen Mitglieder die Kommune verlassen, die aber wieder durch neue ersetzt worden sind.

Die *Felicia-Kommune* hat ihr Haus auf Amager an eine andere Kommune verkauft und ist als Gruppe kollektiv auf die Ostseeinsel Bornholm verzogen, ursprünglich mit dem Vorhaben, dort eine eigene Landwirtschaft zu betreiben. Die Schwierigkeiten waren jedoch größer als erwartet, und obwohl alle Mitglieder sich theoretisch durch landwirtschaftliche Kurse auf das Landleben vorbereitet hatten, üben heute einige der Mitglieder einen gewerblichen Beruf aus.

Die Kommune Aldershvile ist im Mai 1972 aufgelöst worden, nachdem der Eigentümer des Bauernhofes das Haus selbst verwenden wollte.

Insgesamt kann man sagen, daß die Entwicklung zur Kommune in Dänemark noch andauert, es bestehen heute über 1000 Kommunen in Dänemark, es gibt sogar ganze Dörfer, die auf den Kommunegedanken basieren (die sog. A-70-Bewegung), und unter den einzelnen Kommunen gibt es einen regen Gedanken- und Mitgliedsaustausch.

121/31–31c

Sachbücher

GERALDINE LUX FLANAGAN
Die ersten neun Monate des Lebens
Nachwort von Adolf Portmann. Mit 115 ungewöhnlichen Abb. [6605]

BETTY FRIEDAN
Der Weiblichkeitswahn
oder Die Selbstbefreiung der Frau. Ein Emanzipationskonzept [6721]

ALLAN FROMME
Der Sexual-Report
Mit 41 mehrfarbigen und 28 einfarbigen Abb. [6662]

WILHELM FUCKS
Formeln zur Macht
Prognosen über Völker, Wirtschaft, Potentiale [6601]

HEINZ HABER
Unser blauer Planet
Die Entwicklungsgeschichte der Erde. Mit 49 mehrfarb. und 16 einfarb. Abb. [6609]
Der Stoff der Schöpfung
Mit 56 mehrfarb. und 20 einfarb. Abb. [6625]
Der offene Himmel
Eine moderne Astronomie. Mit 54 mehrfarb. und 18 einfarb. Abb. [6691]
Brüder im All
Von der Möglichkeit kosmischen Lebens. Mit 65 meist mehrfarb. Abb. [6720]

PAUL HERRMANN
7 vorbei und 8 verweht
Das Abenteuer der frühen Entdeckungen. Mit über 100 Karten und Abb. [6646]

Prof. Dr. K. HOFMEIER / Prof. Dr. W. SCHWIDDER / Dr. F. MÜLLER
Alles über dein Kind
Auskunfts- und Nachschlagewerk nach Altersstufen über die körperliche und seelische Entwicklung, Pflege und Erziehung des Kindes. Band I u. II [6702; 6703]

PIERRE HONORÉ
Es begann mit der Technik
Das technische Können der Steinzeitmenschen und wie es die moderne Vorgeschichtsforschung enträtselt. Mit 158 teils mehrfarbigen Abb. [6769]

IVAN ILLICH
Schulen helfen nicht
Über das mythenbildende Ritual der Industriegesellschaft [6778]

Initiativgruppe Solingen:
Schule ohne Klassenschranken. Entwurf einer Schulkooperative [6724]

DAVID IRVING
Die Geheimwaffen des Dritten Reiches
Mit 56 Abb. und Karten [6638]

ROBERT JUNGK
Die Zukunft hat schon begonnen
Amerikas Allmacht und Ohnmacht [6653]
Heller als tausend Sonnen
Das Schicksal der Atomforscher [6629]
Strahlen aus der Asche
Geschichte einer Wiedergeburt [6634]

HERMAN KAHN / ANTHONY J. WIENER
Ihr werdet es erleben
Voraussagen der Wissenschaft bis zum Jahre 2000. Mit 16 Abb. u. 62 Tabellen [6677]

WERNER KELLER
Und die Bibel hat doch recht
Forscher beweisen die historische Wahrheit. Mit 134 Abb. im Text und auf Kunstdrucktafeln [6614]

Kernenergie
Entfesselung und Bändigung der Atomkraft. Mit 56 teils mehrfarb. Abb. [6780 – Aug. 1972]

WERNER KIRST / ULRICH DIEKMEYER
Intelligenztraining
Denkspots und Lernimpulse, die alle geistigen Fähigkeiten anregen und fördern. Mit 88 Abb. [6711]

Kinderläden Revolution der Erziehung oder Erziehung zur Revolution?

rororo aktuell

von Hille Jan Breiteneicher, Rolf Mauff, Manfred Triebe und dem Autorenkollektiv Lankwitz

Mangel an Kindergartenplätzen, Hemmung der Chancengleichheit von Mann und Frau, überholte Erziehungsprinzipien, autoritäre Führung der öffentlichen Kindertagesstätten, mangelnde Vorschulerziehung, zuwenig Mitwirkung der Eltern – das waren zunächst die Vorwürfe an die Adresse der öffentlichen Kindergartenerziehung. Freie Elterninitiativen zur Gründung privater Kindergärten in leerstehenden Läden [daher der Name Kinderladen] waren die Folge. Ging es anfangs nur um die Erziehung nach neuen, antiautoritären Prinzipien, z. B. im Sinne Summerhills, so entwickelte sich doch bald eine Richtung, die Kindererziehung als Bestandteil eines Klassenkampfes sowohl im Eltern- als auch im Kinderkollektiv verwirklichen will.
Die jungen Autoren dieses Bandes – ausnahmslos in der Berliner Kinderladenbewegung tätig – haben eine Bestandsaufnahme versucht. Sie haben sich nicht gescheut, auch eigene Fehler zuzugeben. Doch auch vor einer eindeutigen Antwort auf die Frage nach der Revolution haben sie sich nicht gedrückt. An Hand von Beispielen und zusammenfassenden Aufsätzen haben sie Theorie und Praxis der Kinderläden dargestellt.

rororo aktuell 1340/41

700/1